Rainer Werner Fassbinder
Im Land des Apfelbaums

Rainer Werner Fassbinder
Im Land des Apfelbaums

*Gedichte und Prosa aus den
Kölner Jahren 1962/63*

Herausgegeben von
Juliane Lorenz und Daniel Kletke

Mit einem Geleitwort
von Susan Sontag

SchirmerGraf Verlag
München

ISBN 3-86555-019-3
© Juliane Lorenz, Rainer Werner Fassbinder Foundation, Berlin
© dieser Zusammenstellung:
SchirmerGraf Verlag, München 2005
© der Aufführungs- und Hörspielrechte:
Verlag der Autoren, Frankfurt am Main
Umschlagfoto: Rainer Werner Fassbinder 1961,
© Fassbinder Foundation, Berlin
Gesamtgestaltung: Paul Barnes, London
Gesetzt aus der Berthold Caslon
Satz: Uwe Steffen, München
Druck und Bindung: Ebner & Spiegel, Ulm
Printed in Germany

www.schirmer-graf.de

Inhalt

Zum Geleit

Fassbinder will always be remembered as one of the unique talents of the 20th century and he will continue to be influential in the art of cinema to further generations. After reading *In the Land of the Apple Tree I* am convinced there will be more to discover of the writer and poet RWF.

I am grateful Juliane shared with me the first draft of the translations into English of his early writings and I am deeply impressed by its haunting style, the purity and virtually unique language of the young Fassbinder struggling for his own expression in the field of poems and short stories.

I wish I had more time to express my thoughts, but facing my own mortality I might not be able to be an adviser to the final translations as intended. I wish I could continue to enjoy Fassbinder´s incredible talent as a poet and writer, and my thoughts are with the future readers and cinephiles, whom I encourage to read his first literary treasures.

Susan Sontag   *New York, December 2004*

Fassbinder wird uns immer als eines der einmaligen Talente des 20. Jahrhunderts in Erinnerung bleiben und für zukünftige Generationen von Filmkünstlern einflußreich bleiben. Nach der Lektüre von *Im Land des Apfelbaums* bin ich überzeugt davon, daß es vom Schriftsteller und Dichter RWF noch vieles zu entdecken gibt.

Ich bin Juliane Lorenz dankbar dafür, daß sie mir die ersten englischen Übersetzungen seiner frühen Schriften zeigte. Der eindringliche Stil, die reine und nahezu einzigartige Sprache des jungen Fassbinder, der in seinen Gedichten und Kurzgeschichten nach einem eigenen Ausdruck ringt, haben mich tief beeindruckt.

Ich bedaure es, nicht mehr Zeit zu haben, um meinen Gedanken Ausdruck zu verleihen. Im Angesicht meiner eigenen Sterblichkeit werde ich, entgegen meiner Absicht, am Ende doch nicht in der Lage sein, der endgültigen Übersetzung beratend zur Seite zu stehen. Ich wünschte, ich könnte mich weiterhin an Fassbinders unglaublichem Talent als Dichter und Erzähler erfreuen. Meine Gedanken gehören den zukünftigen Lesern und Cineasten, die ich ermuntere, seine ersten literarischen Schätze zu lesen.

Susan Sontag   *New York, im Dezember 2004*

Übersetzung von Daniel Kletke

Rainer Fassbinder
München 27, Possartstr. 7   München, den 3.1.61

Lebenslauf

Am 31.5.1945 wurde ich in Bad Wörishofen als
Sohn des Arztes Dr. Helmut Fassbinder und seiner
Ehefrau Liselotte, geb. Pempeit, geboren. Im selben
Jahr noch kehrten meine Eltern, die in Bad Wörishofen
nur evakuiert waren, mit mir wieder nach München
zurück.
      Mit sechs Jahren wurde ich 1951 eingeschult. Ich be-
suchte drei Jahre lang die Rudolf-Steiner-Schule und ein
Jahr die Volksschule in Ravensburg. Nach Ravensburg
war ich gekommen, weil meine Mutter schwer erkrankte
und neun Monate im Krankenhaus liegen musste. Meine
Eltern sind 1951 geschieden worden. Mein Vater zog nach
Bad Godesberg und ich blieb mit meiner Mutter in München.
      Im Jahr 1955 bestand ich die Aufnahmeprüfung
für die Oberschule, ein Jahr lang war ich auf dem Theresien-
gymnasium in München. Da meine Mutter wieder krank
wurde und für 1½ Jahre in ein Sanatorium musste,
kam ich nach Augsburg in das St. Anna Colleg und be-
suchte dort das St. Anna Gymnasium und das Realgymnasium. Seit 1959 bin ich wieder in München. Ich wohnte
bisher in einem Studienheim und besuche jetzt die vierte
Klasse des Neuen Realgymnasiums.
      Ich bin evangelischer Konfession.

                                          Rainer Fassbinder

Erster handschriftlicher Lebenslauf Rainer Werner Fassbinders,
den er als Fünfzehnjähriger verfaßt hat (Faksimile dieses Schrift-
stücks auf S. 162).

Die wundersame Selbstbezwingung des frühen Rainer Werner Fassbinder

Von Juliane Lorenz

Als Rainer Werner Fassbinder Anfang 1961 seinen ersten handschriftlichen Lebenslauf verfaßte, muß er eine Vorahnung gehabt haben von dem Zwischenzeugnis der Klasse 4 b des Neuen Realgymnasiums München, das er bald erhalten sollte. Er wird sich zu diesem Zeitpunkt nach aller Wahrscheinlichkeit mit dem Gedanken beschäftigt haben, die Schule zu verlassen und einen anderen Weg zu gehen. Daß er Filme machen wollte, das habe er von Anfang an »gewußt«, wird er später in Interviews immer wieder betonen. Aber jetzt, im Alter von 15 Jahren, befindet er sich in der Vorhölle der Ichfindung, geschlagen mit einer »mörderischen Pubertät« und seit der Untertertia ständig mit schwachen Zeugnissen und dem Nichtversetztwerden kämpfend: »Sollte er das Klassenziel nicht erreichen, darf er nach § 21/2 b nicht wiederholen«, vermerkt das Halbjahreszeugnis.

Rainers Kampf ums schulische Überleben zwischen 1954 und 1961 war ein ununterbrochener, und bei jenem Zwischenzeugnis, das er im Februar 1961 erhielt, ging es um alles. Bei erneutem Nichterreichen des Klassenziels binnen eines halben Jahres hätte er das Realgymnasium endgültig verlassen müssen. Ihm wäre nur noch der Hauptschulabschluß geblieben. »Der Schüler bemühte sich, den Anforderungen der Schule gerecht zu werden. Sein besonderes Interesse galt der Kunsterziehung«, vermerkt das Austrittszeugnis, das er im Mai 1961 erhält, als er wegen seines mangelhaften Notendurchschnitts vorzeitig das Neue Realgymnasium in München verläßt.

Seine Mutter, die sich schon lange Sorgen um seine Entwicklung machte, wußte, daß ihr Sohn nicht dumm war. Die Frage war, wie man ihn dazu bringen konnte, seine grundlegende Abwehr gegen jeglichen Zwang zu überwinden. Im Februar 1958 schreibt sie an ihn: »Filie care – mein liebes Rainerchen… nach meinem Eindruck fehlt es dir nicht an der genügenden Intelligenz für ein Gymnasium… Du solltest Dir darüber klar werden, daß es gar nicht so sehr auf das ›Was‹ ankommt, was du jetzt lernen mußt, sondern daß das wichtige die Konzentration ist, das Arbeitenlernen überhaupt, das Denkenlernen, das dir vor allem in Latein beigebracht wird… Auch wenn du einen künstlerischen Beruf ergreifen solltest… und wenn Du zunächst nichts weiter als ein Training daraus machst, wie beim Sport – einfach nichts ausläßt… Du wirst ruhiger werden – und Du wirst Gebiete finden, die Dir Freude machen, die Dich trösten, wenn Du traurig bist…«

Woher sollte Liselotte Fassbinder wissen, daß ihr Sohn die Nachmittage mit der Lektüre von Klassikern und zeitgenössischer Literatur und seine Abende lieber im Kino verbrachte? Das war es, was ihm Freude machte und ihn tröstete, wenn er traurig war. Und traurig war er oft. Aber da sie in diesen Jahren nicht ständig mit ihm zusammen war, wurde ihr nicht bewußt, daß ihr Sohn seine Lerngier außerhalb des Schulunterrichts auslebte. Die vermeintlichen Verführungen des Kinos machten ihr jedoch Sorgen: »… die Stadt verlockt zu unkontrolliertem Kinobesuch und anderen Gefahren für die kindliche Seele, denen ich ihn nicht aussetzen will. Wenn ich auch nicht glaube, daß er ihnen verfallen könnte, will ich nichts unversucht lassen, ihn davor zu bewahren ...«, schreibt sie dem Oberstudiendirektor des Jugenddorfs Christophorus-Schule in der Nähe von Berchtesgaden, in der Hoffnung, daß Rainer die höhere Schullaufbahn dort besser bewältigen wird. »Überdies ist es, besonders in der heutigen Zeit, für eine alleinstehende und berufstätige Frau sehr schwer, einen Buben ohne die männliche Autorität zu erziehen, und gerade diese ist für Rainer, der an sich ein liebevolles und anlehnungsbedürftiges Wesen besitzt, unerläßlich ...« In einem weiteren Brief fügt sie an: »Ich muß ihm freilich zugute halten, daß er sehr viel Schweres durch meine Scheidung und meine langwierige Krankheit, während der er mütterliche Fürsorge und Liebe entbehren mußte, weil ich ja im Krankenhaus lag, durchmachen mußte. Ich brauch Ihnen ja nicht zu sagen, daß solche Umstände sich belastend auf die Leistungen eines Kindes auswirken müssen ...« Rainer wechselte im folgenden Schuljahr nicht in das behütetere Internat in Berchtesgaden, sondern nach den großen Ferien im Sommer 1958 an das Realgymnasium in Augsburg. Die Verführungen der Stadt konnten also weiterhin wirken.

Im selben Jahr traf Lisclotte Fassbinder den freischaffenden Journalisten Wolff Eder. Nach einer turbulenten und komplizierten ersten Ehe und den folgenden Jahren ihrer Tuberkuloseerkrankung war diese Begegnung nach der Entlassung aus dem Krankenhaus sicherlich ein großes Glück. Wolff Eder, 14 Jahre älter, war ein gebildeter, einfühlsamer und liebevoller Mann, der seine zukünftige Frau auch als intellektuelle Partnerin respektierte. Zur Trauung Anfang Februar 1959 kam Rainer allerdings nicht. Er schämte sich vor seiner Mutter für sein schlechtes Zwischenzeugnis. »Liebes, liebes Rainer-chen, ich werde Dir immer helfen, so weit ich es kann – aber ich kann Dir Deine Pflichten nicht abnehmen. Du solltest Vertrauen haben – in Deine Kräfte – und Ver-trauen zu mir ... und wenn die Verführerstimme Dich vom Arbeiten abhalten will, hör nicht auf sie. Darin, daß er sich selbst bezwingt, unterscheidet sich schließlich der Herr vom Knecht. Ich bin immer Deine Dich lie-bende *Mutti*.«

Es half alles nichts – das Kino blieb für Rainer ein-fach spannender als seine Schulbücher. »Die Erlaubnis zum Vorrücken in die nächsthöhere Klasse hat er *nicht* erhalten«, stand daher im darauffolgenden Jahreszeug-nis. 1959 kehrte Rainer nach München zurück, wie-derholte die Klasse im dortigen Realgymnasium und wohnte im Studienheim Sankt Georg in Bogenhausen, unweit der kleinen Wohnung in der Possartstraße 7, die Wolff Eder bewohnte und in die seine Mutter nun ge-zogen war. Dort gab es für ihn allerdings kein eigenes Zimmer.

»Am Donnerstag kam er eine halbe Stunde zu spät zum Studium mit der Entschuldigung, er habe sich in der Stadt verirrt (!) ... Am letzten Samstag kehrte er ohne Erlaubnis erst um 22:30 Uhr zurück. Angeblich war er im Kino ...« Als die Heimleitung des Studien-heims in einem Bericht alle Verfehlungen des Zöglings akribisch auflistet und darum bittet, den Jugendlichen anderswo unterzubringen, reißt der Geduldsfaden. Bei einer wortstarken Auseinandersetzung, in die Wolff Eder vermittelnd und seine Frau beschützend eingreifen will, antwortet Rainer: »Sie sind nicht mein Vater, und von Ihnen muß ich mir auch nichts sagen lassen.« Der junge Mann, dem die »männliche Autorität« seit Jahren gefehlt hat, offenbart dann einige Wochen später, daß er die Schule in München abbrechen und zu seinem Vater nach Köln ziehen werde.

Liselotte Eder ist erschüttert, aber sie akzeptiert den Entschluß ihres Sohnes. Sie kontaktiert Helmut Fassbinder und ringt ihm eine Abmachung ab, daß dieser zwei Jahre für die Kosten einer privaten Höheren Abendschule sowie für Ernährung und Unterkunft in Köln aufkommen soll. Sie selbst und Wolff Eder wollten die Unkosten für Kleidung und Sonstiges übernehmen. Sie läßt los und ermöglicht damit auch ihrem Sohn den Akt der Befreiung, den er offensichtlich für sich brauchte.

In ihrem Tagebuch aus dieser Zeit notiert sie: »Traum nach Rainers Umzug nach Köln im Sommer 1961. Die Stadt, in der wir wohnten, brannte. Unser Haus lag irgendwo am Rand, und wir packten eilig unsere Koffer, Rainer und ich getrennt. Mit großem Schmerz fragte ich, ob er einen Schal, den ich in der Hand hatte, auch mitnehmen wolle. Dann stand ich mit einem kleinen Kind auf dem Arm vor einem Mann und einer Frau, denen ich das Kind, das ich nur geliehen bekommen hatte, wieder zurückgeben mußte.«

Kurz vor seiner Abreise nach Köln verfaßt Rainer ein Gedicht, das als eines der ersten einer Serie von Gedichten und Kurzgeschichten, die er von nun an verfassen wird, gelten kann.

Eines Abends, Nebelfelder
Kaltes Lachen, Frost und Straße,
Undurchsichtige schwarze Wälder
Freiheit, Leben sind Ekstase

Rauscht das Leben, unaufhaltsam
Kalte Lichter, Wärme, Straße
Ohne Reue, ohne Scham
Freiheit, Leben sind Ekstase

Hebt die Gläser, treibt die Freude
Einsam in Gesellschaft
Laß den Geist, die Zeit, vergeude
Dieses bißchen Leben rafft

Rasend Rhythmus, rasend, rollend
Tanz, man treibt sich zur Ekstase
Im Gewitter tobend, grollend
Findet man sich auf der Straße

Juni 1961

Freiheit, Ekstase und Rhythmus sind die Triebfedern, die seinen Geist und seinen poetischen Ausdruck von nun an bewegen. Er übt sich im Rhythmus des Reimens und im Erzählen von Geschichten, und schon jetzt klingen die Themen seines Lebens an, die auch seine späteren Theaterstücke und Filme auszeichnen: Einsamkeit, Tod, Sehnsucht, gewonnene und verlorene Liebe, die Unmöglichkeit der Liebe, ohne die sich trotz allem nichts bewegt. Und ein tiefes Mitgefühl für den vom Schicksal weniger beglückten und getriebenen Menschen, oft auf der Suche nach Gott, der ein Traum bleibt und den man sich erschaffen muß, um ihn zu finden. Die frühjugendlichen Exkurse in die Literatur des 19. und 20. Jahrhunderts finden ebenso einen Widerhall wie die Beschäftigung mit den griechischen Mythen und Sagen.

Und er hat schon die erste Liebe gefunden, ob eine heimliche oder offen zum Ausdruck gebrachte, das läßt sich heute nicht mehr mit Sicherheit bestimmen, denn unter den handschriftlichen und getippten Gedichtentwürfen steht »Für C.«. Daran angefügt sind Datum und Signet. Zwischen Oktober 1961 und September 1963 entstehen in kurzen kreativen Schüben zahlreiche Gedichte, Prosa und die beiden Hörspiele, die er später nie erwähnen wird, denn wenn er von der Zeit vor dem Action Theater und späteren antiteater spricht, dann beginnt seine Vergangenheit nach seiner letzten, mißglückten Aufnahmeprüfung an der Berliner Filmakademie – kurz: dffb – im Jahr 1967. Er habe eben so vor sich hin geschrieben, habe was angefangen und wieder zur Seite gelegt, eigentlich nichts Richtiges gemacht, fügt er an. Daß er in seiner Kölner Zeit schon regelmäßig schrieb, erwähnt er nicht.

Gerechtigkeit ist
Wenn zwei des gleichen Vergehens
Überführt
Der Herr Direktor drei Monate
Auf Bewährung bekommt
Der Arbeiter ein Jahr absitzen darf
Dies Ding nennt man Gerechtigkeit

Gerechtigkeit ist
Wenn der, der jahrelang schuftet
Bis aufs Blut
Das Geld für sein Begräbnis nicht hat
Ohne Gesang verscharrt
Nicht ein Gebet auf die Reise bekommt
Solch Ding nennt man Gerechtigkeit

Gerechtigkeit ist
Wenn einer niedrig geboren
Elternlos
Durch ein tristes Leben wandern muß
Ein andrer die Mutter
Den Vater aus Langeweile erschießt
Das Ding nennt man Gerechtigkeit

Gerechtigkeit ist
Wenn für den Bau einer Kirche
Gesammelt wird
Gebaut für den »liebenden Schläfer«
Und andere verhungern
Denn keine Kollekte gibt es für sie
Dies Ding nennt man Gerechtigkeit

1963

Eine Auswahl seiner poetischen Ausbrüche schenkt er seiner Mutter zu Weihnachten 1962 unter dem Titel *im land des apfelbaums* – insgesamt 45 Gedichte, vier Kurzgeschichten und ein Kurzhörspiel. Weihnachten 1963 sind es dann weitere drei Gedichte, drei Kurzgeschichten, ein Hörspiel und zwei zeitkritische Texte zum Tod von John F. Kennedy, die er im zweiten Band *im land des apfelbaums II* versammelt. Liebevoll und sichtlich aufwendig bindet er die Seiten zu zwei Büchern, deren Umschläge er mit Postkartenmotiven von Marc Chagall gestaltet.

Die Gedichte und Prosa ordnet er nicht chronologisch, nach Entstehungsdaten, sondern so, wie sie für ihn im Zusammenspiel einen Sinn ergeben. Schon an der gewählten Abfolge – sei es bei den Gedichten oder den Kurzgeschichten – kann man den Hang zur melodramatischen Erzählform erkennen. Die einzige erkennbare Stütze für seine Verse bildet das Versmaß, das er neben einer Zeile aufnotiert, um den Rhythmus der folgenden Zeilen zu halten. Die geringfügigen Veränderungen, die er mit Bleistift vornimmt, sind meist schwächer und bleiben bei der Zweitschrift für die Auswahl unberücksichtigt. Man gewinnt schnell das Gefühl, daß die lyrische Form ihm keine großen Schwierigkeiten bereitet. Schon jetzt ist zu erkennen – wie auch bei seinen späteren Theaterstücken und Drehbüchern –, daß er sich nicht mit Unschlüssigkeit oder Zweifeln in Form von mehrmals überarbeiteten Fassungen herumschlägt.

Und was ist aus dem versprochenen Besuch der Abendschule geworden? Der wird verschoben. Rainer arbeitet tagsüber in der Immobilienverwaltung seines Vaters – ein zweites Standbein, das sich Dr. Fassbinder, der praktische Arzt, nebenher aufgebaut hatte. Rainer kommt diese Art von praktischer Disziplinverordnung sogar gelegen, denn den Rest seiner Zeit nutzt er zum Schreiben, zum Leben und zum Menschenstudium. Er studiert nicht nur die recht eigenwillige Art seines Vaters, mit dem er sich ziemlich schnell überwirft, sondern sucht sich auch eine eigene Unterkunft und verbringt mehr und mehr Zeit mit Kollegen und den Mietern – zumeist sind es Gastarbeiter, mit denen er zu tun hat. Oder er trifft sich mit Arbeitern und Freunden »Bei Leni« unweit der Stadtmitte. So lernt er die Sorgen der Leute kennen, und so fühlt er sich zu Hause.

Seine Mutter erinnert ihn regelmäßig daran, daß er ein Recht auf eine »standesgemäße« Ausbildung habe und gibt zu Bedenken, daß er ohne eine Lehre, ohne einen wirklichen Schulabschluß, den Status eines Hilfsarbeiters habe, was sie als Dauerzustand für untragbar hält.

Ab September 1962 besucht er endlich die private Höhere Abendschule und arbeitet weiterhin täglich vier Stunden im Büro der Dr. Fassbinder Immobilienverwaltung. Liselotte Eder ist erleichtert. Sie gibt die Hoffnung auf einen höheren Schulabschluß ihres Sohnes nicht auf und schickt ihm an seine erste Kölner Adresse Roonestraße 8 (später Burgunderstraße 4) Literatur »zur Förderung seiner dramatischen Studien«, Textbücher von Theaterstücken moderner Autoren, unter anderem *Der Hausmeister* von Harold Pinter sowie *Die geliebte Stimme* und *Der Doppeladler* von Jean Cocteau. Die literarischen Ambitionen ihres Sohnes werden ihr immer bewußter. Schon als Kind hatte er doch Hörspiele entwickelt, auf Tonband aufgesprochen und mit seinen Freunden einstudiert. Auch daß er Regie führen will, hat er schon öfter erwähnt, und so schlägt sie ihm vor, nach dem Abschluß des Einjährigen eine Schauspielschule zu besuchen. Sie bestärkt ihren Sohn in allen seinen Ambitionen und macht ihm Mut. Als er ihr zu Weihnachten 1962 seine ausgewählte Sammlung von Gedichten, Kurzgeschichten und ein Hörspiel überreicht, kann sie kaum glauben, daß er nicht nur vom Dichten und Schreiben gesprochen, sondern es auch tatsächlich getan hat.

Als er danach sein erstes Zeugnis der Abendschule vom 23. März präsentiert, ist sie überglücklich; scheint es doch, daß ihr Sohn nun ernsthaft den höheren Schulabschluß anstrebt.

Als sie von den Schwierigkeiten mit dem Vater erfährt, versucht sie zu schlichten: »... Du hast ja vor

Augen, wie es aussieht, wenn man sich nicht zu beherrschen vermag. Ich hab Dir schon einmal geschrieben und wiederhole es hier: ein Dichter, Schriftsteller oder überhaupt ein Künstler wird nicht ein Mensch, der nur sich selbst auslebt und sich den anderen aufzuzwingen bemüht ist. Nimm Dich zurück und sieh Dir die anderen an, versuch hinter ihren Charakter und ihre Schwächen zu kommen, sei gütig mit ihnen, denn die meisten können nicht besser.«

Am 31. Mai 1963 feiert Rainer Werner Fassbinder seinen 18. Geburtstag in München. Die Photos, die auf dem kleinen Küchenbalkon in der Possartstraße 7 entstehen, zeigen eine glückliche und stolze Mutter. Pfeiferauchend und selbstsicher betrachtet sie ihren immer erwachsener werdenden Sohn, dem sie noch unlängst sorgenvolle Briefe geschrieben und den sie einmal als »du ungebändigter und unverständlicher Ableger« bezeichnet hat. Noch ist nicht abzusehen, daß Rainer wieder die Unruhe packen und er bald seine Zelte in Köln abbrechen wird. Diesmal sind es nicht die schlechten Noten, die ihn forttreiben. Er hat sich erneut verliebt und will die Auserwählte, Fräulein Limark, auch glattweg heiraten. Sie wollen nach München kommen und gemeinsam den Schulabschluß machen, wobei Rainer sich aber mit dem Gedanken trägt, die von seiner Mutter empfohlene Schauspielausbildung zu beginnen. Führt sie doch auf einem direkteren Weg zu dem nun immer mehr in Augenschein genommenen Berufsziel eines Schauspielers und Regisseurs. Zudem gilt die zweijährige Ausbildungszeit als abgeschlossene Berufsausbildung und wird als Aufnahmebedingung für die Prüfung an der Deutschen Film-und Fernsehakademie akzeptiert.

Aus der Hochzeit wird dann allerdings nichts. Rainer plant zuerst eine gemeinsame Reise nach Griechenland, bei der ihn Fräulein Limark nicht begleiten kann, da das Schuljahr im September beginnt, und so trennen sich ihre Wege. Nach dieser Reise schreibt er sein erstes Theaterstück *Nur eine Scheibe Brot*, das er später zum Drehbuch umschreibt, dazwischen dreht er seinen ersten Kurzfilm. Er wird zwar die Prüfung an der dffb nicht bestehen und im darauffolgenden Jahr bei erneuter Bewerbung nicht einmal geladen werden, aber RWF geht unbeirrt weiter.

Sein Weg als Schauspieler, Theater-und Drehbuchautor, sein weltweiter Ruhm – vor allem als einer der bedeutendsten Regisseure der deutschen Nachkriegsgeschichte – ist nicht mehr aufzuhalten.

Nicht müde – nur feig

Der Himmel steht über uns, groß
Nicht ein Sternchen stört das Dunkel
Mond, hinter einem Schleier bloß
Gibt fahles Licht dem Gemunkel

Das Gras ist noch warm vom Tage
Die Melodie in meinem Ohr
Sie stellt meine große Frage
Sag, beantwortet sie der Chor?

Kopf gebettet in deinem Schoß
Liege ich nur da und schweige
Streichle das sammetweiche Moos
Daß ich die Liebe nicht zeige

Siehst du mich an? Siehst du mich nicht?
Ich denke das und mich schaudert
Und fahler wird das Mondeslicht
Nur mein Blick, der bittet, lauert

Ich möcht gerne vieles sagen
Möchte ein Geständnis machen
Doch dann muß ich wieder fragen
Wirst du froh sein oder lachen

O nein, ich brings nicht übers Herz
Ich werd nur ewig traurig sein
Und immerwährend ist der Schmerz
Kein gutes Lächeln macht ihn klein

Wir gehn durch die Straßen, die Nacht
Ich halt deine Hand und schweige
Es ist Satan, der freudig lacht
Weil ich die Liebe nicht zeige!

> Mou, am 9.6.63 in der Morgen-
> dämmerung. Die Verse sagen alle
> nichts Neues. Noch nicht
> *R.W.F.*

Editorische Notiz

Rechtschreibung und Zeichensetzung der Texte Rainer Werner Fassbinders wurden dem Typoskript entsprechend unverändert übernommen. Einige wenige Ausnahmen wurden dort gemacht, wo es sich um offensichtlich unabsichtliche Tippfehler handelt (»Hez« statt »Herz«).

Die mit * bezeichneten Gedichte waren vom Autor nicht mit Titeln versehen worden. Die Herausgeber haben für die entsprechenden Gedichte jeweils den Gedichtanfang als Überschrift gewählt.

Die Form des Schreibmaschinen-Typoskripts wurde annähernd nachempfunden. Faksimiles einzelner Originalseiten können im Bilddokumente-Anhang in Augenschein genommen werden.

im
land
des
apfelbaums

lyrik
prosa
und ein hörspiel
aus dem jahre 1962
von
rainer werner fassbinder

meiner mutter
weihnachten 1962

Gedichte

Stories

Ein Kurzhörspiel

Die Fassade

Hoch und vornehm die Fassade –
Und innen?
Eingestürzt, schade!
Ja, so ist es drinnen.

Schön die Stirn, Gesicht –
Und innen?
Weiß man, daß die Wahrheit bricht
Dort drinnen?

So hoch wie die Fassade aufgebaut
So viel verliert man, wenn man fällt.
Ihr habt dem Hochmut nur getraut
Der das Versprochene nicht hält.

Hoch und vornehm die Fassade
Und innen?
Eingestürzt, schade!
Trauer mit verirrten Sinnen.

Schauspiel*

Ein Schauspiel
abgewendet, liebend
aber das Verständnis fehlt
Mord.
Ein Thema, doch immer wieder
Nur ein Thema.
Selber eingefangen,
Verloren Liebe, Sehnsucht
Traum vom Hang nach Oben
Unten irgendwie
die Liebe, Liebe
Hilfe sucht und findet ihr
In Trauer ewig
Heiland, Gott – ein Traum
Den zu erfinden man erschaffen wird.
Vorbei
Das Lied des Todes
abgefallen
eingebettet in die Ebene
des Unvergänglichen.

Untergang

Ein Rauschen, Stille, Donner, Rauschen
Ein Meer und Wogen, Zischen, Stille
Ein liebend Paar umschlungen eng, sie lauschen
So stark Vernunft, labil der Wille.

Ich liebe dich. So zart die Brauen, Wangen
Ein Schiff das sinkt, vorbei ein Leben.
Mein Gott, nur noch nicht bangen
Denn einzig fehlt uns noch der Segen.

Gott halt mich fest
Der Meeresgrund, der wartet. Frieden?
Ein bißchen Leben bleibt uns noch, der Rest
Und diese kurze Zeit, die wolln wir lieben, lieben.

Die Burg

Es steht die große Burg am Hang
Im Abendsonnenschein
Der Chor beendet den Gesang
Der letzte Ton ist seltsam zart und rein.

Denn Reinheit ist's die wir erstreben
Musik ist wallend, trägt uns fort
Dahin, zu einem bessren Leben
An einen stillen, ruhigen Ort.

Die Insel, weiß im Morgenlicht
Ein lindes Rauschen zieht dahin
Bis der Gesang zerbricht
Und ich sein Sklave bin.

Totentanz

Am grauen Fluß am Meer
Da warn einst Feste wunderbar
Da kam das ganze Menschenheer
Und war im Rausch die ganze Schar.

Ich weiß noch, Feuer
War der Lust gefolgt, am Ende
Und 's war nicht ganz geheuer
Die schwarzen, ausgekohlten Wände.

Wer hatte dort gelebt?
Vielleicht ein Hexenweib
Vor dem die ganze Stadt gebebt
Mit ihrem todessüchtgen Leib?

Doch nie bin ich dabeigewesen
Und niemals hört ich Schreie
Ich hab auch nie gelesen
Von dieser graus'gen Weihe.

Es trauerte mein Herz
Der nie gekannten
Und bitter war der Schmerz
Der jüngst Verbrannten.

Ich hätte gern geschrien
Aus ihrem Munde
Ich hätt mir ihre Stimm geliehn
Für meine letzte Kunde.

Ein Mädchen starb im Meer
Gar grausam war der Tod
Da kam das ganze Menschenheer
Und hatte arge Not.

Im Süden dieser Zeit

Es war im Süden dieser Zeit
Ein kleiner Ort
Man blickte herrlich weit
Zum See und bis zum Berg.
Es zog mich hin
Es zog mich fort
Ein kleiner Zwerg
Ein Mensch
Ein Mensch wie viele
Die nur leben, lieben
Mit zauberhaften Spielen
Freude machen
Singen, tanzen, lachen.
Ich lieb heut die
Und morgen jene,
Denn alle machen mich verrückt,
Daß ich nach jeder mich nun sehne.
Ich bin entzückt
Vom Morgengraun
Wenn Lichter wandern, hin und her
Wenn Nebelschleier fallen
Dann werd ich eine Welt mir baun
In der nur Lieder hallen.

Verbranntes Herz

Die Liebe wogte rasend
Leere dann.
Das Meer, es wogte tosend
Weil ich dich küssen kann,
Nur immer küssen.
Das Herz zerspringt vor lauter Lust
Ich werds vergelten müssen
Wie du's ertragen mußt.
Ertragen immer wieder,
Ich küsse Knospen, süß und lieb
Wie singen Liebeslieder
Zu denen uns der Sommer trieb.
Der Sommer heiß und zäh
Verbrannte Fleisch und auch mein Herz
Jetzt lieg ich hier in Weh
Und winde mich im Schmerz.

Erst jetzt …

Ein Haar, ich straichle es und liebe
Das Haar und alles auf der Welt
Ich schwöre, daß es keine Lüge
Jetzt, unterm Sternenzelt.

Ich war so grausam, früher, immer.
Erst jetzt drang zu mir vor
Ein winzig kleiner Schimmer
Von der Erleuchtung. Lebenstor.

Das Meer, der Wind
Und aller Wonne Wogen
Wenn wir in Freud zusammen sind
Ist wahr und nicht erlogen.

Heimkehr

Des Tötens überdrüssig
Kamen sie und wollten lieben
Sie waren gar nicht müßig
In ihren dunklen Trieben.

Sie lebten, tote Massen
Sie rasten und sie waren zart
Sie konnten lieben, konnten hassen
Und waren weich mal hart.

Es gibt verträumte Stunden
Die Erinnerung erwacht
Da brachen alle alten Wunden
Und Satan lacht, er lacht

Und es kam Frieden,
Es kam das Wunder überall
Wir können Freude bieten
Mit einem großen Wiederhall.

bis ...

Ich frage mich warum es endet
Die Liebe und das Sehnen
Warum das Glück sich wendet
Wenn wir uns aneinander lehnen.

Ich trau auf dich. Und du auf mich?
Ich weiß nicht was du fühlst
Ich trau auf dich!
Wenn zart du deine Lippen kühlst.

Die Lippen voll und rot
Ich liebe sie, ich will sie küssen.
Von jetzt bis in den Tod,
Werd ich drauf warten müssen.

Das Blatt im Herbst

Ein Herbstblatt fiel und starb
Es flog zu mir und streifte sanft
Mein Ohr und streichelnd warb
Es für die Liebe, Lebenskraft

Fast blutigrot, ein Buchenblatt
Sanft streift die Lippe
Über es hinweg, und satt
Sind wir, ist unsre Sippe.

Das Blatt, es brachte Nachricht
Aus dem Jenseits, auch von Gott
Denn wenn das Auge bricht,
Dann sind wir tot, so wie das Blatt.

Wir leben in Erinnerung
Von lieben Freunden, Mutter.
Denn auch der Baum, der liebt sein Blatt.
Es liegt jetzt dort auf Schotter.

Die Zeit, frisch wie Tau

Ein Weilchen wart'
In Liebe Trost
Die Lippen war'n so zart
Ich hab sie gern liebkost.
Ich trank die Küsse, trank.
Der Hoffnung Ewigkeit
Und bin des Hasses blank.
So kurz der Liebe Zeit.
Die Zeit, die wandert, rinnt
Erst frisch wie Tau
Mit trockner Kehle sinnt
Und wird dann rauh, so rauh.

Jagd

Weiße Wildnis, Zuckerhut
Ein Leopard, verdammt
Harter Kampf, kalte Wut
Von Mordlust übermannt.

Das Tier so sehnig, Muskel
Ein Sprung, die Krallen
Weit voraus. Kein Makel.
Die Schreie hallen.

Von Schrot ermordet, kalt
Der Mensch bleibt Sieger
Das Tier, es war Gestalt
Doch uns ist es so lieber.

Sommer

Heiß war der Sommer
Stark die Hoffnung, Lust
Und auf dem Meer ein Schimmer
Von der Seele in der Brust.

Wir sangen Lieder, waren froh
Sahen Mädchen lächeln, Liebe
Schrie'n zu Gott »Halloh«.
Wenn es nur so bliebe!

Liebe, Lust und Leben.
Heiße Hoffnung, unerfüllt
Ich will alles geben,
Was das Sehnen stillt.

Ein Schauspiel*

Ein Schauspiel
Abgewendet, liebend
Das Verständnis fehlt, verloren
Mord
Ein Thema, immer wieder
Nur ein Thema
Selber eingefangen
Verloren, Liebe, Sehnsucht
Traum vom Hang nach Oben
Unten irgendwie
Die Liebe, Liebe
Hilfe sucht und findet ihr
In Traume, ewig
Heiland, Gott ein Traum
Den zu erfinden man erschaffen wird
Vorbei
Das Lied des Todes
Abgefallen
Eingebettet in die Ebene
Des Vergänglichen.

Vgl. »Ein Schauspiel…« S. 28. Diese Variante des Gedichts ist im vom Autor angelegten Inhaltsverzeichnis nicht aufgeführt (Anm. d. Hg.).

Im Nebel …

Ein kleines Lächeln,
Ein Sonnenstrahl auf meiner Haut
Wenn Geishas Sonne fächeln
Dann wird das Glück gestaut.

Im Nebel, dunkel, unsichtbar
Ein Hauch verweht, verblaßt
Wenn deine treue Freundesschar
Dich endlich einmal haßt.

Ein heller Blick
Aus sammetbraunen Augen.
Ein allumfassend Glück
Will dich aus ihnen saugen.

Der Pilger und zwei Wege

Ein berauschend roter Mond
Ein Sonnenuntergang am Meer
Ein Leben, das sich lohnt
Mal Freude, mal Leid, mal Leer.

Ein Rauschen, dunkle Bäume
Und weiße Gischt, und Wellen, Wogen
Und Träume, Warten, Träume
Die Pessimisten logen, alle logen.

Ein weißer Mond, weiß, silbern
Und schwarzer Himmel, Kloster
Und alle Frommen pilgern
Für sich und nicht nach Muster.

Ein Einzelner, allein mit Gott
Der Pilger zu dem Heiligtum
Allein der Mörder zum Schafott
Der eine erntet Liebe und der andere Ruhm.

Das Leben ist ein Kampf

Der Traum, er zieht dahin
So wie ein Lied vergeht
Und weil ich traurig bin
Weiß ich worum die Stimme fleht:

Dreh dich nicht um, geh nie zurück
Mein Ich sagt immerzu
Vertrau dein Glück,
Dann läßt es dich in Ruh.

Die Melodie, sie zieht vorbei
In mir entsteht dann Haß, ein Kampf
Und laut verzerrt die Nacht ein Schrei
Das Leben ist ein Kampf!

Eine Nacht

Fast rasend schlägt er ein, ins Grau
In Finsternis, in Nacht.
Wer bist du schöner Fremdling, schau!
Ich, Satan? Der über alles lacht.

Ein grausam kaltes Lachen, Riß
Aus diesem schön geschwungnen Mund
Es tötet wie ein Schlangenbiß
Dort im Gewitter und zu später Stund.

Fast zärtlich scheint der Wind, ein Hauch
Umflutet unser Hoffen unser Sinnen
Dann tritt er aus, Gesicht und Bauch
Und Blut und Tränen rinnen.

So einsam in der kalten aufgewühlten Nacht
Da kommt die Hilfe, ist sie's auch?
Nein, Satan ist's, der schallend lacht
Umspielt von einem zarten Hauch.

Die Zeit

Hochaufgerichtet steht er da, der Wächter,
Der Wächter der Gefangenen, der Toten
Er thront mit schallendem Gelächter,
denn Lächeln ist verboten!

So schon Gestalt, Idol der Griechen
Zerspringend strotzt die Kraft.
Die anderen? Dahin sie siechen,
Weil keiner es zum Brunnen schafft.

Du kannst die Rippen zählen
Denn Haut und Knochen, das ist alles,
Hier braucht man doch kein Urteil fällen
Das sind die Söhne eines großen Falles.

Die Kinder alle sind gefallen
Hinab zum tiefsten Ursprung der Natur
Zerdrückte Klagelieder hallen
Denn einmal findest du die Spur.

Die Strafinsel

Unter der Linde standen wir
Eng aneinander, Hand in Hand
Die schönsten Stunden war'n wir hier
Und dann, dann wurde ich verbannt.

Verbrannte Felder, heiß und schwül
Die Stoppeln, stechend, hart
Voll Haß das Hoffen, das Gefühl
Du warst so zart, so herrlich zart.

Und dann die Knüppel der Schlächter
Sadisten, sie schlagen gern
Zehn Tote für die Wächter.
Sie haben einen guten Kern.

Die Klippen der Insel so steil
Die blaue See voll Haien
Dies alles ist der Strafe Teil
Dann kann man uns verzeihen.

Jetzt ist's soweit, jetzt bin ich wieder da
Doch du bist fern, so fern
Und früher warst du doch so nah.
Ich hab dich gern, unendlich gern.

Glut

Ein Traum, ein süßer Mund, und Rot
Ein Rot von Rouge, ein Rot von Blut
Die Lippen rot, das Mädchen tot
Und über allem eine sagenhafte Glut.

Des Messers Spitze traf, genau
Ein kaltes Lächeln zum Abschied dann
Und über allem Himmel, grau in grau
Wann kommt der Gnadenstoß, sag wann?

Er kam, er kam in Haß und Tränen
Und über allem eine große Liebe
Am Anfang war es Warten, Sehnen
Wenn es doch so nur bliebe.

Und über allem Trauer, Stille
Ein Bild in Feuer, grau und rot
Dies eine war sein letzter Wille
Fort muß sie sein, nur tot.

Vom Rausch der Liebe

Du bist verblüfft?
Du glaubst ich fühle nicht
Den Rausch der Liebe, erhofft
Und jetzt erfüllt, das Licht?

Es kam so plötzlich, unverhofft
Noch gestern hätte ich gesagt, das gibt es nicht.
Die Wonne wenn sie nie verpafft
Bleibt übrig, wie die Liebe und das Licht.

Ich flehte: bitte, und du: nein
Ich bat dich, überzeugt vom Leben
und fühl mich jetzt doch klein
Und will dir alles, alles geben.

Olymp*

Olymp – ein herrlich holder Hauch
Ein Harfenklang, ein See ein Strauch
Die Trauerweide, der Olivenbaum
Und Schlaf mit einem wunderbaren Traum
Verzeih mir Zeus
Verzeih mein Leben
Verzeih das Streben nach der Diktatur
Ich hab geglaubt
Ich könnte dich besiegen
Und hab dich deiner Ehr beraubt
Und will dich doch nur lieben.

Olymp – ein herrlich holder Hauch
Ein Harfenklang, ein See, ein Strauch
Die Trauerweide, der Olivenbaum
Und Schlaf mit einem wunderbaren Traum.
Verzeiht mir Griechen
Und verzeiht mir Perser
Daß ich den Weg gezeigt
Der euch ins Unglück führte
Ich hab geglaubt
Ich könnte euch besiegen
Und will euch doch nur ewig lieben
Olymp – ein herrlich holder Hauch
Ein Harfenklang, ein See, ein Strauch
Die Trauerweide, der Olivenbaum
Und Schlaf mit einem wunderbaren Traum.
Verzeiht mir, Ihr Trojaner
Verzeiht das Pferd, den Brand der Stadt
Verzeiht, denn euer Mut war unbesiegt

Ich wollte Troja nicht besiegen
Ich wollt es ewig, ewig lieben.

Olymp – ein herrlich holder Hauch
Ein Harfenklang, ein See, ein Strauch
Die Trauerweide, der Olivenbaum
Und Schlaf mit einem wunderbaren Traum …

Das Land des Apfelbaums

Von Efeu liebevoll umrankt
  Von Trauerweiden sanft und duldsam eingezäunt
Liegt ein unerreichtes Land
  Doch's ist für jedermann schon eingeräumt.

Ich denke oft daran, was nachher kommt
  Vielleicht nur Schönheit, Liebe, Melodie
Das, was uns heute nicht gegönnt
  Erreichen wir's auch später nie?

In dieser Ruhe, diesem sanften Hauch
  Von Zärtlichkeit, von Liebe
Gibt es nur Wälder, Seen, Baum und Strauch
  Und keine unerfüllten Triebe.

Wir werden glücklich sein
  Wenn Härte, alles Böse abgefallen ist
Der Tod, er ist nur Schein
  Wenn dich der letzte zarte Windhauch küßt.

Kuss*

Er sagte – Kuss –
Nur dieses eine Wort
Und immer wieder
Dann ging er fort.
Sie hatte ihn geküßt
Auch immer wieder
Und dann hat sie gebüßt
Die schönen Liebeslieder.
Sie war allein
Der Pfarrer nahm die Beicht ihr
Die Sünde, doch so klein
Nahm ihr das Leben schier.
Nie wieder lachte sie
Auch keine Träne bracht sie übers Herz
Und träumen tat sie nie
Stumpf ward der Schmerz.
Bald ward sie alt
Unendlich alt
Kein Knabenlachen galt ihr mehr
Keins, nie
Sie dachte – Kuss –
Nur dieses eine Wort
Und immer wieder
Dann ging sie fort,
So weit
Ins Land des Apfelbaums

Seemann

Endlich Land
Soweit du blicktest Meer
Jetzt Land
Und Erde, Bäume
Bäche
Süßes Wasser
Eine Frau.
Gurgelnd deine Stimme
Trocken Gaumen
Sommer
Sie lacht
Recht frech
Doch du bist frecher
Nicht?
Du streichelst sie
Fast unverschämt
Die Sonne brennt
Das Mädchen lacht
Der Gaumen trocknet aus
Du mußt
Der Schrei erstickt
Vor Lust
Endlich
Sie weint
Und du bist stolz
Es ist vollbracht.

Lernen zu verstehen

Das Meer
Endlos diese Stille.
Ruhe, helle Sinne
Hart mein Wille
Hoch die Wogen
Wellen
Wogen
Und mit schönen Liedern, hellen
Geistesleben
Suchend. Wandern,
Stimmen hören
Lernen zu verstehen
Bis man reif ist wegzutreten
Und dem reinen Untergang ins Aug zu sehn.
Ruhe
Mehr als Wille
Wasser, Meer, Wellen
Ende, Stille, Stille

Bis zum Ende...

Lippen, volles Rot und schön geschwungen
Und Augen, wie die eines Rehs so zart.
Meine Liebe wär nie abgeklungen
Wär dein Herz nicht so unendlich hart.

Der Anfang war so wunderbar und schön,
Der erste Kuss, ein Hauch voll Sehnen, Hoffen
Und dann, dann hab ich eingesehn
Uns steht die Welt noch offen.

Dann klang es ab, es war zu Ende
Gleichgültig wurde dein Gefühl
In meiner Liebe wards zu einer Wende.
Der Abschied dann war bitter und sehr kühl.

Zama

Vom fernen Strand Signale
Der Kampf tobt weiter, immer weiter
In Dünen auf und dann zu Tale
Der Römer Fußvolk und die Reiter.
Der Feldherr mit dem stolzen Rappen
Scipio auf hohem Roß.
Hell blenden der Soldaten bronz'ne Kappen
Das ist des Africanus Troß.
Heiß brennt die Sonne auf die Wüste
Und Tote, immer wieder Tote dort im Sand
Hannibal, wach auf und rüste –
Sonst zahlt Karthago grausig seinen Pfand.
Hitzig schlagen Lanzenklingen
Und Tote überall nur Tote dort im Sand.
Und ihre stummen Kehlen singen
Nochmal ein Loblied auf das Vaterland.
Und in der Helden schönem Angesicht
Da widerspiegelt sich der Mut,
Doch dann wenn ihm das Schild zerbricht
Dann liegt er schmerzverzerrt im eignen Blut.
Der Römer Truppen siegen
Karthago ist und hat verloren
Trotzdem genausoviele Römer dort im Sande liegen.
Ein neues Karthago wird geboren
Ein untergebenes, besiegtes,
Provinz der Römer, stolz von Rom,
Ein einst von Puniern geliebtes
Von Hannibal gebracht zu Ruhm.
Der Haß hat eine ganze Stadt zerstört
Die festen stolzen Mauern abgebrannt,

Die Menschen, denen sie gehört
Getötet und verbannt.

Das kalte Dunkel

Ein großer, undurchsichtig schwarzer Wald
Und eine Straße, Winter, Schnee
Ein Mensch sehr einsam, es ist brechend kalt
Und in der weiten, weiten Leer dort ein Reh.

Mein Schritt ist stet, ein fester Gang
Doch manchmal läßt die Kält taumeln, fallen
Warum bin ich so ruhig, gabs nicht Zeiten wo ich sang
Und ist's nicht schön, wenn Wanderlieder hallen?

Fast friert der Atem, beißend ist der Wind
Dort auf der Straße und im Schnee
Man schließt die Augen, man ist blind
Und glaubt an Wärme, eine Fee.

Von fern her leuchten Gaslaternen aus der Stadt
So kalt und so berechnet kühl.
Der Mensch hat's gut, der jetzt ein warmes Zimmer hat,
Doch ich, hab ich denn noch Gefühl?

Ich möchte schlafen, endlos lange schlafen.
Leg dich doch hin und laß dich einfach gehen
Man bringt dich schon in irgendeinen Hafen
Du mußt nur Hilfe flehen.

Ich höre Geigen, süß und wunderbar
Laß dich doch fallen, leg dich einfach hin.
Mich umflutet eine Engelsschar
Weil ich so schrecklich einsam bin.

Mein Schritt wird langsam, ungenau
Ein warmer Hauch umgibt mein Herz
Dort ist ein Haus, ein Bett – komm schau!
So groß der Schock, der Schmerz.

Ich warf mich nieder in das große Bett
Ein kleiner Grashalm schaut dort unterm Schnee hervor
Wenn ich nur eine Kerze hätt
Dann ging ich schon ans große Tor.

Ein morgendlicher Wandrer fand ihn dort in Schnee
Ganz einsam und so kalt, erfroren
Er fiel in einen großen See
Ein neues Wesen ward geboren.

Ein großer, undurchsichtig schwarzer Wald
Und eine Straße, Winter, Schnee
Ein Mensch, sehr einsam, es ist brechend kalt
Und in der weiten, weiten Leere dort ein Reh.

Das unerforschte Halt

Das Schloß des letzten Traums
Mit Mauern fest umgeben
Dort im Geäst des dunklen Baums
Beendet man sein Leben.

Von Mühsal wars durchdrungen
Die Freude war zu kurz
Zu schnell die Melodie verklungen
Und tief der allerletzte Sturz.

Rund um des Atems feinen Hauch
Ein unerforschtes Halt
Es blühen Bäume, dort ein Rosenstrauch
Doch wir vergehen, werden alt.

Doch jedes Leben lebt in Kraft und Liebe
Von Sehnsucht auch durchdrungen, unerfüllt
Und niedrig mancher Menschen Triebe
Wenn sich der Lebenshauch von selber stillt.

Den letzten Akt ...

Den letzten Akt,
Den schreibe mit Gewalt
Wenn dich das Grauen packt
Dann wirst du alt.

Des Seemanns Weisheit ist das Meer
Der Mutter Liebstes ist ihr Kind
Des Feldherrn Stolz sein Heer
Mein bester Freund der Wind.

Geheimnisvolles Brausen, Rauschen
Geflüster und Getön
Wenn Wind mit Wind sich Küsse tauschen
Dann bin ich gut, ist alles schön.

Der letzte Akt,
Der trauernden Gestalt
Wenn dich das Grauen packt
Dann schreib ihn mit Gewalt!

Der Herbst, ein endlos langer Traum

Ich ging durch dunkle Straßen, Regen
Die Kälte läßt mich frösteln, laufen
Und Wärme ist ein unerreichter Segen
Man kann sie suchen aber nicht erkaufen.

Die Bäume werfen lange Schatten
Ich lieb den Regen, zarte Tropfen
Blätter wirbeln auf wie Ratten
Die ans Gewissen klopfen.

Der Mond strahlt durch den kahlen Baum
Der Herbst macht müde und doch wunderbar
Ein schöner endlos langer Traum
Ich träum von Leben, einer Menschenschar.

Doch gibt es einen Menschen, Leben?
Ich hoffe es und träume Sonne
Nur sie macht Liebe, kann Vertrauen geben
Und Wärme, das ist Leben, Wonne.

Das Tal der Liebe

Ins Tal der Liebe eingebettet
Liege ich und lebe
Und bleibe, weil es rettet
Und ich nach Großem strebe.

Wie feist sind Ekel, Lust
Bestimmen sie mein Leben?
Die Liebe, die in meiner Brust
Die muß mir Rettung geben.

Das Heil ist Sehnsucht, Trauer
Obwohl der Liebende versagt,
Er steht vor einer großen Mauer,
Weiß er, daß Gott ihn überragt.

Vermeß den Tränensee

Weh dem, der klagt
Gesundheit nur und Ehre
Und aller Lust entsagt
Das ist das Soll der Heere.

Das Schlimmste ist, sie glauben dran
Wo es doch Sonne gibt und Licht
Wo man sich lieben, freuen kann
Bis dir das Auge bricht.

Gebricht, begraben und vergessen
Dann darfst du klagen
Darfst die Tränen messen
Darfst endlich reden, fragen.

Du glaubst die Wege wären weit
Zu weit, glaubst du, die Frage?
Und einmal kommt dann doch die Zeit
Dann freue dich und klage, klage.

Das letzte Gericht

Jetzt sprich die Wahrheit, nur das Wahre
Du hast das Glück verwünscht zu sein
Ein Zwerg mit langem, endlos langem Haare
Dein Anblick läßt mich frieren Stein und Bein.

Warum bist du so grausam, sag es mir.
Brutal die Härte, hart der Geist
Nun stehe ich und schwöre hier,
Daß du verheimlichst was du weißt.

Denke zurück, du mußt es wagen
Ein Mord, Verbrechen, ist es das?
Du sollst bekennen, alles sagen,
Trotz deinem maßlos bösen Haß.

Wir brauchen keine Menschen, brauchen Richter
Die Welt ist so gemein, so unsagbar gemein
Wir übergehen Körper und Gesichter
Denn die sind Lüge, die sind Schein.

Gesteh, daß du verraten deinen Freund
Zum eignen Vorteil, für das eigne Leben
Du bist ein Judas, deine Mutter weint,
Sie hoffte noch auf dich, auf deinen Segen.

Wir martern in der Hölle nicht, wir heilen
Wir retten die verdorrten Seelen
Nicht ewig sollst du hier verweilen
Du sollst nur Liebe wählen.

Du jammerst jetzt und weinst
Du willst den Schein erwecken
So gut zu sein, wie einst
Doch das ist Lüge, ist nur Schrecken.

Ich sehne mich nach Schwerelosigkeit und Freude
Weil ich kein Maßstab bin, kein Gott
Nicht weil ich meine Zeit vergeude
Denn wir gehören alle auf's Schafott.

Jetzt rede endlich, schreie alles raus
Den Schlamm, die Unwahrheit, die Lüge
Verstockt, die Sturheit ist ein Graus
Was kann hier retten? Nur die Liebe.

Erinner dich an deinen ersten Traum
Die Blumen, Wälder, Seen
Den dunklen, anfangs hellen Lebensbaum.
Du mußt gestehen, in dich gehen.

Ich lebte, weil ich leben wollte
Egal ob hart, egal ob weich
Ich gestehe, daß man gut sein sollte
Doch nicht in Armut sondern reich.

Verzeiht mir, ja, ich bitte, flehe
Versteht mich doch, es mußte sein
Ich weiß, daß ich die Wahrheit sehe
Ich bin so billig, ja so klein.

Zwei lieben …

Ein Sternenmeer in Zärtlichkeit gehüllt
Zwei lieben, Erfüllung eines Traums
Ein Traum, von Schönheit nur erfüllt
Im dunklen Schatten eines Baums.

Die Liebe wie sie trägt und schwingt
In Herzen eingegraben, fest verkettet
Nur das, was Freude bringt
Erlöst, verschönt und rettet.

Man liebt nur einmal so
In Wind und Meer und allen Elementen
Einmal beginnt es irgendwo
Und einmal wird es enden.

Vom Tod der Lebenden

Ich ging im Regen
Dunkel war die Nacht
Und kalt, so kalt
Und jeder hat sein Werk vollbracht.
Hart klingen meine Schritte
Durch die Nacht, vorbei am Regen
Auf der Straße, auf dem Pflaster
Auf allen stillen Wegen.
Ich werde kämpfen
Bis die Kraft erlischt
Ich werde leben, werde lieben
Bis alles mal verwischt.
Der Traum von Wärme
Geborgenheit und Kraft
Der ist vergeben
Weil ihn niemand schafft.
Mein Herz das schlägt
Doch meine Seele
Die vertrocknet und vergeht,
Da ich mich selber quäle.
Der Tod ist grausam, viel zu hart
Wenn er ins Leben schlägt
Ich gebe das Signal, ihr wartet
Bis daß das Leben Früchte trägt.

Der Weg zu Gott

So weit der Weg zum Süden hin
Geworden ist, das Abenteuer still
Atem still mein Sinn
Der muß sich wenden, will.

Das Firmament, geweihtes Licht
Und König Minos, rohes Fleisch
Wenn rasend mir das Auge bricht.
Du lächelst fad und bleich.

Entmenschte Seelen, stöhnend
Liebgestammel, Meeresgischt
Den Meeresgott verwöhnend
Der ewge Feuer löscht.

Er ist uns gut gewogen Herr
Nicht würdig deiner, kniend
Bringen Opfer dir, o Herr
Und Minos lacht, so eilig, fliehend.

Die Weiden abgegrast, zerkaut
Wiederkäuermägen, Hunger
Das große Festmahl, ruft er laut
Und auf die Äcker muß der Dünger.

Wir warten, sehnend, leise
Du bist so zart, verzeih
Daß ich bald geh, die alte Weise
Wird wieder neu, zu neu.

Im Labyrinth verirrt, unwissend
Zerfleischte Leiber rings umher
Die Hoffnung kosend, küssend
Geh ich bald kreuz, bald quer.

Athen die Musen, Sparta Krieg
Der Fluß die Kinder, arm
Entmenschter Sieg
Herrscher erbarme dich, erbarm.

Ein König dort im Orient
Sein Mund zur Fratze wird
Wenn er die grausge Strafe nennt
Despot, der Herrscher mit dem Tod.

Und dann der Untergang
Kultur gebildet und verbraucht
Rot, blutig war der Todgesang
Und wilder Tiere Odem faucht.

Es kam die Pest, nach Westen, Nord
Die Liebe ward getötet, Traum
Vom großen Untergang, vom Massenmord
Geküßt der zarten Wellen Schaum.

Arena, Rom, die Christen
Sie überlebten und sie sind gestorben
Die Götter mußten härter richten
Und haben nur für Christ geworben.

Der erste Frühling

Ein wenig Trauer, Tränen
Und sehr viel Eitelkeit und Neid
So groß sind Hoffen, Warten, Sehnen
Und dann bist du bereit.

Erst wars ein Däumeling in deiner Hand
Und dann ein Riese
Er wurde größer, wurde eine Wand
Der Haß auf einer grünen Wiese.

Denn Blumen sinds und Sonne glühend
Weit ab ein Mensch und ganz allein
In Hülle, Fülle rasend, blühend
So muß es sein, so muß es sein!

Der Kreuzweg

Vom Weg weit ab, so weit
Zum Schluß hab ich dann doch bereut
Getan, bereut, das immer wieder
So sang er seine Liebeslieder.

Vorbei, den Weg zum Kreuz
Gegangen, und es schrie ein Kauz
Unheilverkündend, sanft und liebevoll
Fast rasend wirst du, liebestoll.

Dann Gitter, finster, grau
Und Brot und Wasser, einsam, lau
Der Weg zurück ist schrecklich steil
Dort hält man deine Tugend feil.

Wie eine Nuß

Heiß brennt die Sonne auf die See
Sie wogt unsagbar, tobt
Und kalt der Eisberg, kalt der Schnee
Von dem man nur die Farbe lobt.

Ein Schiff, es schaukelt hin und her
Wie eine Nuß liegts im Kontrast
Die Männer habens schwer
Und maßlos ist die Hast.

Die Segel flattern dort im Winde
Die Sonne brennt sie an, das Wasser löscht
In die Sonne schaue und erblinde,
Und in das Wasser, das nicht wäscht.

So riesenhaft das Eis, die Berge
Und so unendlich groß
Die Männer sind wie Zwerge
Und dann wie Fische bloß.

Ein neuer Stil, sillend Stille

Dada, sagt er, Dadaismus
Auf dem Isthmus von Korinth
Laufend, lallend, lalala
Blinder, sagt er, Blinder, blind

Liebe suchend, Liebe, lieb
Leila rauschend, rasch, vergnügt
Trauer, überraschend weit
Weil er ihr zu lange blieb.

Lange bleibt er liebend täuscht
Die Ergötzung zahlbar macht
Lieb, Gestammel – nein
Sagt sie, meinend ja, o ja

Bleibt Baron, Baroness
Bleibend bleibt er blass
Kalter Schweiß, Rücken nass
Lächle frierend, Haß.

Das Lebensbuch

Es weckte mich der Sonne erster Strahl
Ich fühlte dieser Tag wird schön
Wie viel sinds an der Zahl
Die so an uns vorübergehn?

Ein herrlich Leben, dieses hier
Als Mensch, wenn man versteht zu leben
Mit Keuschheit, dieser schönen Zier
Muß nach Erfüllung streben.

Du wartest auf ein größ'res Glück
Ein Glück das fehllos sei
Auch dahin gibt es kein Zurück
Und deine Glieder sind voll Blei.

So stehst du da und kommst nicht weiter
Nicht vor und nicht zu Gott
Das Leben ist nur eine Leiter
Mit sehr viel Spott, ja Spott.

Einmal muß jeder alles büßen
Du wartest auf den Gnadenspruch
Damit mußt du das Leben dir versüßen
Das ist das goldne Lebensbuch.

Gib mir mein Herz zurück

Mein Herz, o Zeus
Gib es zurück
Ich bitt dich drum
Gib mir Gewissen!
Den Körper hab ich noch
Den Geist den Sinn
Doch das Gewissen fehlt
Du nahmst das Herz
Und das Gewissen mir
Gib es zurück!
Ich liebte sie
Mein Körper liebt sie noch
Es waren wundervolle Stunden
Du nahmst das Herz, Gewissen
Nun sind wir drei
Und ich will sie verlassen!
Sie liegt im Schatten
Neben mir
Sie schläft
Zart streift die Hand den Knaben
Ich liebe sie
Doch ich will fort!
O Zeus
Gib mir mein Herz zurück
Und mein Gewissen
Ich bitt dich drum
Mein Herz, o Zeus.

Zeit der Sadisten

Dreizehn waren wir, dreizehn. Und allen rann Schweiß vermischt mit Blut über Rücken, Brust und Stirn. Die Peitschen der Treiber waren aus Eisen, und unsere Körper bestanden aus Wünschen und Sehnen, jene ritten auf Pferden, und wir krochen am Boden, unsere schwere Last tragend, und die war unnütz, denn es war Erde, reine Erde, die uns das Leben erhärten sollte, den Weg. Der Jack da drüben, der hält's noch am ehesten aus, der Nigger. Seine Ahnen wurden gequält, so wie wir jetzt, und sie haben ihm das Ertragen von Schmerzen vererbt. Sein Oberkörper war nackt. Schwarz glänzte der Schweiß, veredelte die stählernen Muskeln. Ja, der trug das Kreuz noch am besten. Je näher wir dem Ziel kamen, um so weniger fühlten wir die Schmerzen, sollte der Tod doch Erlösung bringen. Der Tod Erlösung? Nur zu! Der Wüstensand peitscht uns, und die Wärter peitschen uns, wir krochen und warteten auf Gott. Auf den Gott, der uns zu sich holen sollte. Ja, auf den warten wir. Aber wir warteten vergebens. Ich bin Jude, der Neger war Heide, der Pole Christ, und alle warteten wir auf Gott, den gleichen, auf den Janocz der Ungar und Ilich der Russe warteten. Doch alle warteten wir vergebens. Gott kam nicht, jetzt nicht und auch nicht später.

Ich verglich die Muskeln des Pferdes mit den Muskeln des Niggers. Beide sind schön, doch der eine gequält und der andere erhaben. Die Wüste war heiß, und der Sand brannte in den Augen. Wir sahen nichts als den Sand, und wir spürten nichts als die Peitsche, die Peitsche der Wärter und die Peitsche des Windes. Bald werden wir glücklich sein, lauft schneller, amici! Der Tod wartet auf uns.

Die Stadt dann war leer, sie war leer und tot, und dort haben sie uns geprügelt, bis wir schrien, laut schrien, ob wir wollten oder nicht. Uns folternd ergötzten sie sich, es wurde ein Rausch, bald schwitzten sie wie wir, wir aus Schmerzen und sie aus Lust an unseren Schmerzen. Der Rhythmus der Peitschenschläge war monoton, aber hart. Der Nigger dachte ans Tam-Tam, das er nie geschlagen hatte und ich dachte an Christus, an den ich nicht denken durfte. Sie schlugen und lachten dabei, rote, aufgedunsene Gesichter, dazwischen den Schnaps, von Mund zu Mund. Und Marek war der erste, den er zu sich nahm, dann folgten die Ungarn, die Russen, die anderen Juden und der Nigger und ich, wir blieben übrig, und er dachte ans Tam-Tam, das er nie geschlagen hatte, und ich dachte an Christus, an den ich nicht denken durfte, und eine Stimme in mir sagte nicht aufgeben, und ich ertrug weiter den Schmerz.

Wir merkten es alle nicht, als die Tür aufging und ein Junge erschien, auch einer von denen, in dieser toten Stadt, und er zog seinen Revolver, und dann schoß der junge Leutnant, schoß auf seine eignen Leute, und die fielen auf Janocz, auf Marek, und sie hatten nicht gelitten. Auch der junge Leutnant schwitzte, aber kein Blut, er schwitzte Ekel, und er war sich seiner Tat völlig bewußt, und ich dankte Gott, daß er das war. Aber der Nigger war es nicht, er sah nur die Uniform, und er schrie Mörder, Mörder, und mit letzter Kraft schlug er den Leutnant, er schlug ihn mit der letzten geballten Ladung Kraft, die er hatte, dann sackte er um, und beide bluteten, der eine aus Mund und Nase, der andere am ganzen Körper und ich habe gesehen, wie sie verreckten, und ich habe sie beide verstanden, den Leutnant, den Nigger. Ich habe sie alle verstanden.

Die Fee

Dumpf und hohl klangen seine Schritte auf der gepflasterten Vorstadtgasse. Die wenigen Neonbeleuchtungen in weiten Abständen warfen seinen Schatten weit voraus und dann wieder weit zurück. Jetzt bog er ab, begann ein Lied zu pfeifen, immer wieder die gleiche Melodie, bis er die mäßig beleuchtete Bushaltestelle erreichte. Er lehnte sich an eine Hauswand, suchte sich aus seinen Taschen eine Schachtel Zigaretten, fischte sich eine heraus und zündete sie an. Er rauchte in tiefen Zügen, begann von neuem seine Melodie, diesmal summte er sie. Mit schnellen Schritten kam von der anderen Straßenseite ein junges Mädchen gelaufen, keuchend schaute sie auf die Anschlagetafel und dann auf die Uhr, schüttelte ärgerlich den hübschen Kopf, beruhigte sich aber gleich wieder. Dann nahm sie aus ihrer Henkeltasche einen Lippenstift, zog sich die Lippen nach und fuhr sich dann mit den Händen durch die pechschwarzen Haare, beschaute sich dann befriedigt in dem zerbrochenen Spiegel. Der junge Mann machte den letzten Zug aus seiner Zigarette, warf sie auf den Boden und trat sie aus. Er hatte das Mädchen mit wachem Interesse betrachtet, und trotz der Dunkelheit hatte er herausgefunden, daß sie sehr hübsch war. Mit kreischenden Bremsen hielt der Bus. Der junge Mann ließ das Mädchen zuerst einsteigen, dann sprang er selbst in den Wagen. Der Schaffner drückte auf den Klingelknopf, der Fahrer fuhr an. Der Bus war leer bis auf die zwei jungen Menschen. Das Mädchen setzte sich, und der Mann setzte sich ihr gegenüber. Im hellen Licht betrachtet wirkte sie doch schön, etwas älter als im fahlen Neonlicht der Bushaltestelle. Ihre grünen Augen waren kalt, die Wimpern waren wie die Brauen pechschwarz nachgezogen. Der Mund hatte trotz der vollen, knallroten Lippen einen irgendwie starren Ausdruck. Doch das Mädchen gefiel ihm. Der Bus hielt. Ein alter Mann, der wahrscheinlich von einer schweren Arbeit kam, stieg ein und fiel müde und abgespannt auf einen Sitz. Das Mädchen holte sich aus ihrer Tasche eine Zigarette. »Könnten Sie mir bitte Feuer geben?« Die Stimme hatte einen schönen hellen Klang, der gar nicht zu der Frau paßte. Er gab ihr Feuer. Sie lächelte ihn an und zog tief aus ihrer Zigarette. Ihre Hände waren schön, mit langen, gut gepflegten Fingern. Die Nägel waren nicht lackiert. Der alte Mann war eingeschlafen, er schnarchte ekelhaft, der junge Mann schämte sich für ihn vor dem Mädchen. »Man sollte nicht in der Öffentlichkeit einschlafen und noch so ungeniert schnarchen!« Das Mädchen schaute mitleidig auf den alten Mann. »Er hat schwer gearbeitet, es ist nicht unbegreiflich, daß er müde ist.« Sie ist für den alten Mann eingetreten, ein menschlicher Zug, den er gar nicht an ihr erwartet hatte. Er zog seine Zigarettenschachtel aus der Tasche und bot ihr eine an. »Danke.« Er gab ihr Feuer »Danke.« Sie lächelte ihn herausfordernd an und dann vergaß er alle seine guten Vorsätze: »Haben Sie heute abend Zeit?« Sie schaute ihn zuerst mit fragenden, dann mit erschrockenen und belustigten Augen an. Ihm wurde abwechselnd heiß und kalt und dann sagte sie: »Aber natürlich. Für so nette Männer habe ich immer Zeit.« Was hatte dieser Ausspruch zu bedeuten? Ging sie mit jedem? Eine sinnlose Wut überfiel ihn gegen die Männer, mit denen sie befreundet war, doch dann sagte er sich, daß er noch gar nicht das Recht hatte, auf Männer eifersüchtig zu sein, die es vielleicht überhaupt nicht gibt. Er beruhigte sich: »Wenn Sie Lust haben, gehen wir in die ›Hängematte‹? –« – »Oh ja, da wollte ich immer schon mal hingehen.« Mit wem denn? Die Männer mußte es also doch geben. Der Bus hielt. Endstation. Sie stiegen aus, überquerten den dunklen Platz, der nur von einigen Liebespaaren bevölkert war. Wenn wir doch nur eines von diesen sein könnten! »Ich heiße Horst, könnten Sie mir Ihren Namen vielleicht verraten?« »Oh, mein Name klingt nicht sehr schön, ich heiße Inge.« – »Nein, das dürfen Sie nicht sagen, ich finde Inge paßt sehr gut zu Ihnen.« Stimmt das auch? Sie gingen schweigend weiter bis sie vor der »Hängematte« standen. »Gehen wir.« Sie drückten sich an dem Rausschmeißerportier vorbei, beeilten sich über die Tanzfläche zu kommen, auf der einige Paare sehr intim nach einem sehr langsamen Jazzstück tanzten. Dann standen sie vor einer leeren Nische, Horst nahm ihr den Mantel ab und hängte ihren und seinen zusammen an einen Nagel. Sie trug einen sehr kurzen lila Rock und darüber einen giftgrünen, hautengen Pullover. Eine wunderbare Farbzusammenstellung, er hatte gar nicht gewußt, daß grün und lila so gut zusammenpaßt. Sie setzten sich. Die Kellnerin kam, Inge bestellte sich einen Martini, Horst einen Whisky. »Warum habe ich Sie nicht früher gesehn?« Seine Gedanken wanderten hin und her. Sie gefiel ihm, er haßte ihre Freunde, er liebte sie und dann haßte er sie wieder. Der Abend verging sehr schnell, sie hatten ein paarmal miteinander getanzt, diskret mit Abstand, hatten sich unterhalten, über unwichtige Sachen, bis auf: »Inge, ich glaube ich liebe Dich« – »Ich Dich auch.« Er küßte sie, sie küßte ihn. Er war glücklich, sie tanzten glücklich, fest umarmt. Der Abend ging zu Ende, sie stiegen in den Bus und fuhren nach Hause. Sie wollten sich am nächsten Tag wieder-treffen.

Am Morgen wusch er sich besonders gut, zog sich seine besten Sachen an. Er konnte sie gar aus Zufall am Tage treffen. Er betrachtete sich im Spiegel. Was konnte sie an ihm finden. Er hatte ein Durchschnittsgesicht, tief-liegende Augenhöhlen, braune Augen, irgendwie fana-tische, irre Augen. Seine Backen waren eingefallen, er war ausgesprochen mager, ja wirklich, was fand sie an ihm? Nahm sie ihn auf den Arm, vielleicht kommt sie heute gar nicht. Er kämmte sich die Haare beson-ders sorgfältig. Er hatte eine absolute Halbstarkenfrisur, eigentlich kindisch für seine 28 Jahre. Aber er hatte ihr doch auch mit dieser Frisur gefallen, hätte er das auch? Er glaubte es wirklich, und doch – immer wieder kam ihm Susanne in den Sinn, Susanne, seine Jugend, liebe Susanne, die er heiraten wollte, Susanne, die ihn dann so brutal sitzen gelassen hatte. Er hatte nach seiner Ent-täuschung lange Zeit kein Mädchen mehr angeschaut, und auch später dann war er nur manchmal mit den Mädchen aus seinem Haus zum Tanzen gegangen, nicht mehr. Seiner Mutter war das vor allen Dingen recht ge-wesen, sie hatte ihren Sohn abgöttisch geliebt. Jetzt wo sie gestorben war, hatte er sich schon wieder lebhafter für Frauen interessiert, hatte aber nie ein Mädchen ge-sehn, das ihm gefiel, oder das für ihn reizvoll gewesen wäre. Und nun diese Frau, meinte sie es ernst? Noch eine Enttäuschung, was würde das für ihn bedeuten? Könnte er sich dann noch einmal aufrappeln? Alle diese Gedan-ken jagten durch seinen Kopf, ließen ihn nicht zur Ruhe kommen. Auch in der Arbeit war er gedankenlos, un-höflich zu seinen Kameraden, selbst zu Hans, seinem einzigen Freund im Betrieb. Ungeduldig erwartete er die Sirene zum Arbeitsschluß, ungeduldig wartete er der Stunde, des Wiedersehens. Dann war es soweit, er stand an der Bushaltestelle, zog noch einmal die Krawatte zurecht, fuhr sich noch einmal mit der Hand durch die Haare und pfiff dann wieder das Liedchen von gestern. Sein Schatten reichte fast bis zum ersten Alleebaum, dahinter sah er noch den zweiten, dritten, dann war Dunkelheit. Und aus dieser Dunkelheit tauchte sie auf. Sie winkte, lief heran, gab ihm einen sanften Kuß auf die Wange. Er war glücklich, daß sie gekommen war. Hatte er das gar nicht erwartet? Sie wollten ins Kino gehen, und er war überrascht, was sie für einen guten Geschmack bei der Auswahl des Filmes zeigte. Sie amüsierten sich köstlich an der gutgemachten Komödie, er konnte seit langer Zeit endlich wieder lachen. Aber das machte nicht der Film, sondern ihr fröhliches Lachen das er so gern hatte. Danach schlenderten sie langsam, trotz des weiten Weges, nach Hause, er brachte sie bis vor die Wohnung, verabschiedete sich höflich und ging dann nach Hause. Die Straße war dunkel und leer, und das war das Beste für ihn, er wollte jetzt mit seinem Glück allein sein. Alles was ihm sonst so abscheulich vorgekommen war, die dunklen Vorstadtgassen, die herbstlichen kahlen Bäume, hatte einen sonderbaren Reiz für ihn.

So mit sich und seinem Glück allein, streifte er noch lange durch die Nacht, bis er dann endlich seinem Hause zustrebte. Glücklich und selbstzufrieden sank er dann in einen traumlosen Schlaf. Der schrille Klang des Weckers holte ihn am nächsten Morgen in die graue Wirklichkeit zurück. Sollte er wirklich einen Menschen gefunden haben, der zu ihm hielt, der ihm vertraute, der ihn gern hatte, ja liebte? Sollte wirklich die schöne Zeit von damals für ihn wiederkehren? Also diesmal würde er eine Enttäuschung nicht überwinden können, dessen war er sich ganz sicher bewußt. Der graue Arbeitstag in der Fabrik, der für ihn alles bedeutet hatte, kam ihm jetzt so leer und sogar sinnlos vor. Er stritt und zankte sich mit seinem Freund, so daß seine Kameraden ihn fragten, ob irgend etwas sei, ob er sich nicht gut fühle, ob er krank sei. Er antwortete, sie sollten sich nicht um ihn kümmern, und er ginge sie überhaupt nichts an. Sollen sie sich um ihren eigenen Dreck kümmern.

Am Abend machte er einen langen Spaziergang mit Inge. Sie unterhielten sich den ganzen Weg über, und als er dann, schon spät, fragte: »Hast Du schon einmal einen guten Freund gehabt?« Sie lächelte ihn belustigt an und sagte dann doch irgendwie traurig: »Ja, er ist ausgewandert. Wir hatten uns sehr gerne. Wir wollten heiraten, und konnte es damals und kann es heute noch nicht verstehen, daß er so gehandelt hat. Ich kann einen Menschen nicht verstehen, der die Frau, die er liebt, wegen beruflicher Verbesserung aufgibt. Aber er ist ein Mensch, dem alle Mittel recht sind, um beruflich weiterzukommen. Zuerst fand ich seine Strebsamkeit sehr gut, bis ich dann sah, wie sich so etwas auswirken kann. Er ist bestimmt ein reicher Mann geworden in Kanada, aber ich glaube nicht, daß er glücklich geworden ist.« Lange Zeit gingen sie schweigsam nebeneinander her.

Dumpf klangen ihre Schritte auf dem Kopfsteinpflaster. Einer hörte nur den Atem des anderen. Er drückte fester ihre Hand in der seinen, und er wußte, daß sie da war. Er wußte in diesem Augenblick, daß das Mädchen unglücklich war. Und er nahm sich vor, ihr Sicherheit zu geben, ihr Liebe zu schenken, sie glücklich zu machen. Er sah darin eine Lebensaufgabe, für die es wert schien, zu leben. Er glaubte in diesem Augenblick fest an seine Liebe oder war das eine zu schwere Aufgabe für ihn? Er sollte einen Menschen glücklich machen, ihm Sicherheit geben, hatte er das alles selbst? Seine Mutter hatte immer gesagt, »Nimm Dich vor den Frauen in acht, sie fordern Dir alles ab, nehmen Dir alles und geben Dir gar nichts.« Jetzt unterbrach er das Schweigen: »Auch ich hatte ein Mädchen, das ich sehr gern hatte, auch wir wollten heiraten, auch sie hat mich im Stich gelassen. Wie hatte sie dann triumphiert, als alles eingetreten war, was sie vorausgesagt hatte. Aber wir waren. Aber wir waren noch sehr jung damals, es ist vielleicht daher eher verständlich, daß sie sich einem älteren Mann anschloß, der ihr mehr Gleichgewicht geben konnte als ich, der ich selbst mit meinen Problemen nicht fertig werden konnte. Ich war damals zuerst sehr wütend, dann enttäuscht, dann nachdenklich. Erst heute kann ich sie verstehen, ihr verzeihen. Ich glaube, wir wären nicht glücklich geworden. Ich hatte damals noch kein gesichertes Einkommen, meine Mutter machte uns ewig und immer, immer wieder Schwierigkeiten. Ihr damaliges Verhalten, ihr Fortgehen, ja, ich verstehe es heute. Aber das ist gut, sehr gut so. Jetzt kann ich mein Leben viel objektiver betrachten. Meine Enttäuschung von damals habe ich erst jetzt überwunden.« Den restlichen Nachhauseweg gingen sie wieder schweigsam. Sie schritten gleichmäßig nebeneinander her, jeder sorgsam darauf bedacht, die Stille nicht zu brechen, die zuvor gesprochenen Worte nicht durch Belangloses zu schmälern. Beide waren nachdenklich, aber doch eigentlich glücklich, zufrieden. Er wollte sie fragen, ob sie seine

Frau werden wolle, wußte aber nicht, wie er anfangen sollte, und er nahm sich fest vor, dieses nächsten Abend nachzuholen. Ein Abschiedskuß war das einzige, was sie an diesem Abend noch austauschten.

Er hatte sie am nächsten Abend gefragt, ob sie seine Frau werden wolle. Noch nie war ihm eine Frage so schwierig vorgekommen, wie diese. Er hatte zuerst lange Zeit geschwiegen, dann hatte er sie in die Arme genommen, geküßt und gefragt: »Willst Du meine Frau werden?« Sie hatte ihn zärtlich gestreichelt und dann ganz leise »ja« gesagt. Sie gingen dann glücklich in ein kleines Lokal, verbrachten den Abend bei einer Flasche Rotwein. Heute sprachen sie nicht von der Vergangenheit, sondern träumten von der gemeinsamen Zukunft. Sie wollten viele Kinder haben, schöne Reisen machen. Auf dem Heimweg waren sie sehr fröhlich, erzählten sich Anekdoten, lachten und freuten sich über ihren eigenen Schatten, der aus ihren Körpern einmal lange, endlos lange Gestalten machte und sie andernteils zu kleinen, dicken Kugeln zusammenschrumpfen ließ. Beim Abschied küßten sie sich zärtlich und freuten sich auf das Wiedersehen am nächsten Tag.

Der nächste Morgen war grau und regnerisch, und er dachte nur an den Abend. Die Arbeitszeit verfloß zäh, die Stunden zogen sich endlos hin, aber der Abend kam doch. Er stand an der Bushaltestelle und wartete, eine halbe Stunde, eine Stunde, und sie kam nicht. Jetzt wurde er ungeduldig und ging zu ihrem Haus. Er klingelte bei ihrer Wirtin, die Tür ging auf und eine alte unfreundliche Frau erschien. Sie fragte, was er wolle. Er sagte, daß er Frl. von Summer sprechen wolle. Sie schaute ihn verdutzt, aber etwas gutmütiger an und fragte, was er denn von der wolle. Sie ist so seltsam, dachte er und laut: »Ich bin der Verlobte.« Erschreckt wich die Frau einen Schritt zurück, und mit gequetschter Stimme sagte sie: »Ja, wissen Sie denn nicht… Frl. von Summer wurde heute von einem Bus überfahren.« Ihm schwindelte. Von einem Bus. Das ganze Treppenhaus drehte sich um ihn. Von einem Bus. Er ging hinaus ins Dunkel. Allein.

Der Weg zurück

Ich habe es nie wieder gesehen, das kleine Mädchen. Ich hatte die letzte Nacht davor nicht geschlafen. Der ewig andauernde Regen machte mich vollkommen nervös und irgendwie willenlos, ohne geregeltes Denkvermögen. Die Nacht war warm gewesen, so warm wie der Regen, der seit Wochen ununterbrochen niederfiel. Ich hatte am Abend vorher in einem Restaurant gut zu Abend gegessen und war dann durch den Regen nach Hause gegangen. Fast heiß rann mir das Wasser über das Gesicht und drang ganz langsam in mich ein. Ungemütlich, ja lästig mutete es mich an. Die Nacht war dann grausam gewesen. Unaufhörlich prasselten die Tropfen in mein Gehirn, ich wälzte mich von einer Seite auf die andere und zermarterte mich in der Hoffnung, einschlafen zu können. Einige Male stand ich auf und trank ein Glas Bier, kaltes Bier aus dem Eisschrank, das mich für kurze Zeit wieder fit machte. Langsam, sehr langsam kam der Morgen heraufgekrochen, die Nacht verwandelte sich in den Tag, in einen grauen Alltag. Wieder war der Himmel voll Regenwolken, und schon am frühen Morgen lag eine drückende Schwüle über der Stadt. Mich quälten schreckliche Kopfschmerzen, ein ganz neues Gefühl hatte sich über mich gelegt, ein ganz plötzlicher Unwille, eine maßlose Labilität. Mir war alles egal, ich wollte nur Ruhe und Frieden haben. Den Weg zur Arbeit wollte ich zu Fuß zurücklegen. Menschen flogen an mir vorbei, die Stadt wurde von einer Ruhelosigkeit bestimmt, die an Irrsinn grenzt, schnell, alles muß schnell gehen, schnell zur Arbeit, schnell viel Geld verdienen, schnell, schnell. Die Geschwindigkeit ist ein Phantom, das bezwungen werden muß, bevor es uns bezwingt. Hastiger Atem, abgerissene Wortfetzen, quietschende Straßenbahn, leiser, warmer Regen, Autos, bremsende, hupende, Hast. Auf der Hauptstraße sprach mich ein kleines Mädchen an. »Gehen Sie zur Arbeit?« Halb belustigt, halb verärgert schaute ich auf das Mädchen hinab. Ich muß dabei sehr dumm ausgesehen haben, denn das kleine Mädchen lachte, ein glasklares, silbernes Lachen. Natürlich gehen Sie zur Arbeit, wer tut das heute nicht? Sie mochte ungefähr neun Jahre alt sein, sie trug ein hellblaues Kleidchen, und in der rechten Hand hielt sie einen gleichfarbigen Regenschirm. Darf ich Sie begleiten? Nur ein Stückchen? Noch immer war ich so verblüfft, daß ich es ganz vergaß zu antworten, aber sie schien auch gar keine Antwort erwartet zu haben, denn sie schritt stolz und ganz selbstverständlich an meiner Seite. Ich habe nicht gemerkt (vielleicht wollte ich es auch nicht), daß sie eine falsche Richtung eingeschlagen hatte, nicht zu meiner Arbeitsstätte, sondern in die Altstadt, ohne auch nur ein einziges Mal zu zögern. Lange Zeit sagte ich gar nichts, und ich hatte die Empfindung, daß sie gar nicht mehr vorhanden war, aber ganz plötzlich sagte sie dann, daß sie Hunger habe. Erschreckt schaute ich sie an und fragte dann, was sie denn essen wollte. Warum sollte ich ihr auch nichts zu essen kaufen? Wo sie doch Hunger hat. »Ach, eigentlich weiß ich nicht, was ich gerne habe, es ist so schwer sich etwas zu wünschen.« Ungewollt wurde ich nun heftig. »Ja, wissen mußt du schon, was du willst.« Erschreckt schaute sie auf, und fast weinerlich sagte sie: »Du brauchst mir ja gar nichts zu kaufen, wenn du nicht willst.« Sehr freundlich sagte ich nun: »Nein, ich kaufe dir ja gerne etwas. Du mußt mir nur sagen,

was du willst.« Jetzt lachte sie wieder: »Ja? Ich möchte so
gerne Limonade!« »Limonade? Ich denke, du hast Hunger?« Sie schaute auf den Boden und meinte: »Ich hans
mir anders überlegt. Ich möchte Limonade, Zitronenlimonade.« Ich hielt Ausschau nach einem Geschäft und
beruhigte sie: »Aber sicher kannst du Zitronenlimonade
haben. Magst du auch Apfelkuchen?« – »Ja, auch Apfelkuchen mag ich gerne.« Sie führte mich weiter durch
die Altstadt, enge Gassen, häßliche Häuserfronten, die
durch den grauen Tag noch häßlicher wirkten. Aus
einem kleinen Laden holte ich eine Limonade und ein
Stück Apfelkuchen. Aber sie hatte es sich anders überlegt, sie wollte nichts mehr. So aß ich alles alleine und
trank auch die Limonade. Kurz danach sagte sie, daß
bald ein Kinderspielplatz kommen würde, und daß sie
dorthin wolle. Es war nicht mehr weit bis dahin. Der
Platz war eingerahmt von Trauerweiden, und es waren
dort viele Spielgeräte. Schaukeln, Kletterbäume, eine
schmutzige Sandgrube, verdreckt durch den anhalten-
den Regen. Die düstere Atmosphäre wäre durch spie-
lende Kinder gestört worden und ich war froh, daß
keine da waren. So waren wir ganz allein. Nicht einmal
Opas und Omas waren da, verwunderlich, wo sie doch
sonst diese Spielplätze, Zigarren rauchend und strik
kend, bevölkern. Wir setzten uns auf eine der nassen
Bänke, aber das machte uns nichts aus, denn wir waren
ja schon durchnäßt. Lange herrschte Schweigen, ich
genoß die frische Luft, spürte keine Kopfschmerzen und
keine Ungewißheit mehr. Da sagte sie plötzlich: »Er-
zähl mir was.« Erzählen? Was kann ich einem kleinen
Mädchen nur erzählen? »Was möchtest du denn gerne
hören? Eine Geschichte?« Ich war überzeugt, daß sie
jetzt »Hänsel und Gretel« oder »Schneewittchen« ver-

langen würde, aber sie sagte nur: »Irgendwas. Etwas, das du gerade im Kopf hast.« Aber auch das inspirierte mich noch nicht. Der Tag war grau, ohne Musik, der Regen fiel monoton, sinnlos, auch das Mädchen schien sinnlos, das Leben, ohne Freude, der Traum war zerrissen, zerfleischt. Und so begann ich. Erst stockend, aber dann klar und sicher: »Es war einmal ein junger Mann, der wollte hoch hinaus, er wollte Künstler werden, Künstler! Na ja – er malte ganz gut, er konnte auch schreiben – ganz nette Gedichtchen – ja – Gedichtchen. Aber alles nicht in Vollendung, er mußte noch an sich arbeiten, aber das konnte und wollte er nicht, denn er war eigensinnig, über alles erhaben und so kam es, daß er einfach aufhörte, ein Künstler zu sein. Er vergaß, daß ihm eine große Zukunft vorausgesagt worden war, er wollte es auch nicht mehr glauben. So versuchte er Schauspieler zu werden. Es ging auch ganz gut am Anfang, er spielte gut, aber zu eigenwillig und seinen Lehrern lag seine Art nicht, sie verübelten ihm den ganzen Plan. Aber es war wohl so am besten gewesen, denn wenn einer so schnell aufhören kann, dann liegt ihm auch nicht sehr viel daran. Ja, nun sah sich der Mann einer ganz neuen Situation gegenüber. Alles war schiefgegangen, alles. Ob er wollte oder nicht, er mußte jetzt einen Beruf, einen ganz normalen Beruf ergreifen. Schwierig für einen, der nichts gelernt hat als Künstler zu sein. Er bewarb sich als Verkäufer in einem Buchladen. Er wurde angenommen, bewährte sich, aber er wurde unglücklich, ihn konnte dieser Beruf nicht ausfüllen, er machte ihn unzufrieden. Aber er hielt aus, und er hält heute noch aus. Oder? Die Welt ist so gemein, daß man das Leben nur mit einem Kampf vergleichen könnte. Was sagst du?

Ich mußte lachen. Das Mädchen war eingeschlafen. Was hätte ich auch anderes erwarten können? Ein kleines Mädchen mit meiner dummen Geschichte zu peinigen! Aber sie hatte bestimmt Schlaf nötig, wenn sie auf einer nassen Parkbank so ohne weiteres einschlafen konnte. Ich selbst grübelte noch weiter über alles und nichts. Die Welt ist schön, es gibt Bäume, Farben, Liebe, einen Frühling, die Sonne, vor allen Dingen die Sonne. Aber die Welt ist hart und gemein, hinterhältig. Oder kann man sie bezwingen? Sollte es mir möglich sein, mich und die Welt zu bezwingen? Ich werde mich gegen alles Böse stemmen, werde wieder leben, leben. Ganz in Gedanken stand ich auf und ging zur Sonne, zu der Sonne, die ich brauchte. Ich ging weiter durch den Regen, den Herbst, die toten Blätter, gelb und rot. Ich wußte jetzt, was ich machen wollte, schreiben, werde ich wieder tun, ich werde an mir arbeiten, werde kämpfen, werde kämpfen müssen, aber ich will und kann. –

Schnell war der Tag vorüber gegangen, ich war müde, und ich hatte keine Schmerzen mehr. Ich werde endlich wieder schlafen können, zufrieden sein, vielleicht glücklich? Kurz vor dem Einschlafen fiel mir das Mädchen wieder ein. Hatte es überhaupt existiert? Ich kann es nicht mit Bestimmtheit sagen.

Der heilige Wald

Der leuchtende Zeiger der großen Wanduhr langsam und doch stetig. Seine Augen wurden fast magnetisch von ihm angezogen, aber seine Gedanken waren bei der schweren Prüfung, die ihm morgen bevorstand. Strenge Lehrer, verzweifelte oder selbstbewußte Schüler, brütende Hitze, vielleicht arrogante Antworten des Primus, er sollte das nicht tun, Homer bleibt Homer, auch ohne Arroganz.

Sein Mädchen hatte gesagt, bleib ruhig, immer höflich und vor allen Dingen, behalt die Nerven. Sie selbst hatte diese Prüfung schon hinter sich und natürlich hervorragend bestanden, wie sollte es auch anders sein? – Dieser Zeiger! Laufe schneller, laufe so schnell wie mein Herz rast, dann ist bestimmt bald alles vorbei. Alles? Sein Kopf schmerzte, das Tick-tack dröhnt unaufhörlich. Wenn ich doch nur einschlafen könnte, einfach einschlafen. Alles vergessen. Vergessen Lehrer, Prüfung, Uhr, alles, alles. Der kalt herbstliche Baum stach hart ab gegen das helle Neonlicht der Straßenlaterne, scharf, viel zu scharf. – Wenn ich nur das Gewissen überwinden könnte, einfach siegen gegen die Gewalt der Gedanken, des Häßlichen, das Schöne bewahren, Gott fühlen. – Ein heller Lichtstrahl kreiste durch das Zimmer, immer wenn unten ein Auto vorbeifuhr, erst helles Motorengeräusch, er hörte es immer schon von sehr weit, wenn ein Auto im Anzug war, leise, dann lauter, anschwellend zu einem Höhepunkt, Abfall, leiser, viel schneller das Abklingen. Leiser Regen klopfte gegen das Fenster, sehr leise, sehr behutsam, fast freundlich und doch eintönig, der gleiche Rhythmus stundenlang, an-

haltendes tag, tag, tag, leise, sehr leise und doch unaufhörlich, eintönig, aber fast freundlich. Heiß die Luft im
Zimmer, abgestandener, kalter Zigarettenrauch. Ach
ja, eine Zigarette tut gut. Hell springt die Flamme auf,
schnell vergeht die Helle, übertragen auf die Zigarette,
die jetzt brennend immer kleiner wird, abnimmt. Alles
nimmt ab. Kleine Rauchringe, erst ganz scharf, aber
schnell vergehend, Konturen verwischend steigt das Nikotin an die Decke. Der Aschenbecher ist überfüllt mit
zuviel gerauchten Zigaretten – ich müßte es mir abge-
wöhnen, zumindest einschränken, aber ich habe es doch
schon versucht, zwecklos, Gewohnheit ist schleppend,
sie läßt sich nicht so einfach abschütteln. Ich habe nicht
die nötige Energie, bin zu nervös. Der kahle Baum vor
dem Fenster scheint zu wachsen, er beginnt zu leben,
Blätter sprießen, sehr schnell. Es ist doch Herbst und
viel zu kalt. Ein Wunder? Ein Wunder auf einer wunder-
schönen grünen Wiese, Sonne, warmes Licht. Ein zarter
Hauch von Frühling liegt geheimnisvoll über der Erde,
ein schwelgendes Gefühl von Glück überflutet mich,
und mein Blick fällt auf einen Wald, einen schönen,
dunklen Wald, er blüht, die Knospen springen auf, ein
Vogel singt, erfüllt die zarte Frühlingsluft mit Sehnsucht,
Heimlichkeit. Langsam wälze ich mich auf, faul fast von
der Zufriedenheit, die über mir liegt. Ich bin allein, sehr
allein, aber nicht einsam und nicht so allein wie unter
Menschen, denn Menschen machen einsam. Ich schlage
den Weg zum Wald ein, der Wald, so still und doch reizt
mich maßlos, saugt mich an, geheimnisvolles Schweigen, nur das Singen des Vogels, hell und klar, silbern. Der
Wald liegt weiter weg als es scheint, der Weg ist lang,
aber nicht ermüdend, ich laufe, springe und genieße
meine Jugend, es ist schön jung zu sein, frei. Luft, Sonne,

Licht, alles ist in mir, aller Ursprung, alle Kraft des Lebens, die ganze Liebe. Die ersten Bäume, Eichen, dicke, knorrige Eichen, stark und groß, sie wirken gutmütig, und doch irgendwie herablassend, es ist Leben in ihnen, volles Leben. Der Wald wird dichter, schließt sich. Die Arten mischen sich, Linden, helles Grün, zart und kräftig. Buchen rot, rot wie Blut. Ein schönes Blut, so rot. Tannen, nicht bestimmt, als Christbaum zu enden, zu sterben. Und eine Trauerweide, wirklich trauernd. Da entdecken meine Augen einen Menschen, einen alten Mann. Ein schöner Greis, mit weißem Bart, weißen Haaren und einem gutmütigen Gesicht, das viel jünger ist, als er selbst. Guten Tag – ein Nicken – wundervolles Wetter – Nicken. Ich setze mich ihm gegenüber. Ich frage mich, wie ich eine Unterhaltung beginnen könne. Sie sind alt. Mhm. Wohnen Sie hier? Wie dumm meine Fragen, wie krampfhaft der Versuch, eine Unterhaltung zu beginnen. Schweigen. Der Ausdruck des Mannes zeigt keine Gemütsbewegung. Er erinnert mich an meinen Großvater, auch mein Großvater war immer so ruhig, still, in sich gekehrt. Wir werden eine Ewigkeit so sitzen bleiben, ewig dem Lied des Vogels lauschen, die gute Luft atmen, froh und frei sein. Wir werden leben, eine Ewigkeit, nie wird die Ruhe unterbrochen werden. Wir werden für immer zusammen leben, werden uns aber nie kennenlernen, nie! Da steht der Mann auf, blickt sehnsüchtig auf die Trauerweide und geht, geht in den Wald hinein. Ich gehe ihm nach, doch er läuft schneller, viel zu schnell für sein Alter. Ich lauf mit. Er muß sich hier gut auskennen, er verfehlt nie den Weg, stolpert kein einziges Mal. Ich halte dieses Tempo nicht mit, viel zu schnell. So bleiben Sie doch stehen, warten Sie doch, ich möchte Sie begleiten. Er läuft weiter, unbeirrbar, dunkel wird der Wald, undurchsichtig. Warten Sie doch, Sie können mich nicht allein lassen. Allein? Weiter, immer weiter. Tiefer, dunkler, undurchdringlich. Eine wahnsinnige Wut überfällt mich. – Sie haben kein Recht zu leben, Sie sind alt, verbraucht, Sie müssen den Jüngeren Platz machen. Der Jugend. Warum geben Sie nicht auf? Es hat doch kein Zweck. Sie müssen es doch einsehen. Warten Sie, warten Sie doch. Nur ich habe ein Recht zu leben. Ich bin jung, ich habe Zukunft. Warten Sie, warten Sie doch, Sie sind stur, ohne Herz, ergeben Sie sich. Halten Sie an, halt, halt. Es ist dunkel, ich stoße an Bäume, Mann, wo sind Sie, helfen Sie mir doch, ich stürze, falle. Die Jugend, ich bin die Jugend. Sie haben kein Recht, Sie nehmen mir die Luft, das Leben. Sie thronen zu hoch, viel zu hoch, viel zu hoch. Fort, fort für immer. Eine Vision? Trauer überfällt mich, unsägliche Trauer. Ich lebe, aber ich bin tot, begraben, erstickt. Ich finde keinen Weg zum Licht. Dumpfe Stille. Das muß das Ende sein. So ist der Tod? So muß er wohl sein, grausam, grausamer noch als das Leben, man ist allein mit sich, aber man ist ohne Ich, man besteht nur noch aus Wünschen, unerfüllten Wünschen. So also ist das Ende. Kein Gott, kein Satan, nur Stille, Trauer, unsägliche Trauer, Frost, Hitze, alles ohne Hilfe, niemand wird helfen, niemand. Ich weine, weine aus Verzweiflung, aus Wut um das Ende. Warum muß alles enden, warum? Ich sehe nichts, ich falle, falle. Ein Traum, Traum............

Der Familienrat

Ein Kurzhörspiel

Personen

PHILLIP *ein »guter Mensch« – Angeklagter*
DIE GROSSMUTTER *ältestes Familienmitglied*
ONKEL OSKAR *Ankläger*
TANTE SIEGLINDE *Geschworene*
ONKEL HEINRICH *Geschworener*

Man hört klingeln und kurz darauf schleppende Schritte und das Öffnen einer Tür.

GROSSM.: *(eine alte, aber keifende Stimme)* Ihr kommt mit genau 10 Min. Verspätung. Ihr wißt doch genau, daß ich das auf den Tod nicht ausstehen kann, wenn jemand unpünktlich ist, aber bei Euch bin ich das ja gewohnt.

HEINRICH: Seit 10 Jahren ist das heute das erste Mal, daß Du unseren Familienrat zusammenrufst, und da machst Du ein Theater wegen 10 Min. Wenn wir jeden Tag zu Besuch kämen wie Onkel Oskar, aber alle 10 Jahre einmal.

GROSSM.: Also kommt herein, wir sind schon alle versammelt. Legt Eure Mäntel irgendwohin, wohin…

PHILLIP: Na ja, dann wär'n wir ja wohl beisammen. Nun kann der Tragödie erster Teil beginnen. Darf ich vorstellen, hier der Ankläger, meine liebe, alte, nicht zu schaffende Großmutter, und der gestrenge Onkel Oskar und Ihr, Tante Sieglinde und Onkel Heinrich, Ihr seid die Geschworenen.

OSKAR: Also, – ich möchte gleich mit dem Kern beginnen. Bei unserer letzten Ratsversammlung, da waren noch neun, heute sind wir Gott sei Dank nur sechs. Onkel Franz, der hat sich aufgehängt, Ihr werdet sicher in den Zeitungen davon gelesen haben, Tante Olga sitzt im Gefängnis wegen übertriebener Milde, ein schwarzes Schaf unter den Frauen unserer Familie, auch über ihren traurigen Sturz in die Vergangenheit werdet Ihr illustriert in der Zeitung gelesen haben. Die Justiz hat uns da eine Arbeit abgenommen. Tja, und der dritte, der fehlt, ist Onkel Judas. Er starb einen natürlichen Tod, er wurde bei einem Einbruch erschossen, doch, Gott hab ihn selig, nicht ohne vorher sein Bestes getan zu haben. Das Blut floß in Strömen. Er nimmt einen Ehrenplatz in unserer Familienchronik ein. Ja, nun sind wir nur noch sechs, und auch da ist noch einer zuviel? Ich wollte gleich auf den Kern kommen. Wir sind heute zusammengekommen, um über das Schicksal eines weiteren traurigen Kapitels unserer Familie zu bestimmen. Phillip Herzblut, der Sohn des berühmten Massenmörders Josef Herzblut, steht vor unserem Familiengericht, weil er eine Untat begangen hat, die höchst unwürdig ist. Er hat nämlich eine Frau geheiratet, nicht weil er sie für seine Zwecke braucht, sondern weil sie ein Kind von ihm erwartet hat!! Aber trotzdem hätten Großmutter und ich es unterlassen, diesen Schritt zu tun, wenn es ein Junge geworden wäre, ein Mann, der den Namen Herzblut forttragen kann, aber es ist zu unserem

Entsetzen ein Mädchen geworden, ein süßes kleines Mädchen zwar, aber nicht der Rede wert, und unter diesen Umständen fanden wir, Großmutter und ich, es am besten, daß unser Stamm so allmählich ausstirbt.

GROSSM.: Ja, ja, ganz richtig, der Tod hat blaue Flügel und das Kochen einer Soße ist eine Kunst, Kunst...

SIEGLINDE: Ja, stell Dir vor, letzte Woche wollte ich Weinsoße machen, sie ist mir mißlungen. *(Sie lacht)*

OSKAR: Mißlungen, mißlungen? Ach ja, was ich schon lang erzählen wollte. Stellt Euch vor, ist mir nicht ein Überfall mißglückt, einfach mißlungen. Äußerst unnötig, aber Großmutter hatte Schuld, sie wird alt und sieht deshalb so schlecht, und da hat sie daneben geschossen. Ich glaube, so schnell ist Großmutter noch nie gelaufen. Ich habe schrecklich gelacht im Auto, und als ich unserem Fahrer erzählte, daß Großmutter daneben geschossen hat, da wollte er es gar nicht glauben.

SIEGLINDE: Ehrlich? Also Großmutter, Du mußt zum Arzt gehen, das ist ja schon gefährlich.

GROSSM.: Ach ja, die paar Zentimeterchen hätten den Traum auch nicht retten können...

OSKAR: Ja, die Moralbegriffe der Menschheit sind gesunken. Und wir hoffen darauf, daß uns wieder mal ein Mann ein großes Geschäft bringt. Uns ging es nie so gut wie nach dem 2. Weltkrieg.

PHILLIP: Ich hatte ein schönes Leben, viel Heiterkeit und doch, glaube ich, war ich unglücklich.

HEINRICH: Dann hast Du Pech gehabt, Du hättest trauern sollen, wer trauert, ist glücklich, ein Stein im Schall, gesundes Denkvermögen, die meisten haben es verloren, Du auch. Wie verlief eigentlich Dein Leben?

OSKAR: Ja, wie hat es denn ausgeschaut, Dein Schmachten, Dein Trauern, Verzweifeln, alles, alles …

PHILLIP: Nun ja, ich lebte …

SIEGLINDE: Was war am Anfang? Als allererstes, ganz unten, ganz unten?

PHILLIP: Eine Frau, eine Frau, sie war böse, sie schlug mich, Warum? Ich weiß es nicht!

OSKAR: Seine Mutter!

PHILLIP: Meine Mutter? Ja …, meine Mutter, ein herzloses Ungeheuer, ich mußte über ihre Stimme lachen, sie hatte eine ganz besondere Stimme, schrecklich lächerlich …

HEINRICH: Sie war taubstumm!

PHILLIP: Ja, das war es glaub ich. Findet Ihr es nicht niedlich? Ich glaube, sie schlug mich aus Haß, weil ich eine Stimme hatte. Aber sie konnte meine Stimme gar nicht hören. Aber die Erinnerung bleibt stehen, eine alte Trauerweide, hoheitsvoll, alt stolz. Musik, leise Musik oder war sie laut? Trompeten, eine kleine Versammlung an einer Grube, kalte Gesichter, die Sonne stach, mein Atem war heiß, zu heiß, um zu verstehen.

GROSSM.: Die Beerdigung seiner Mutter. Es war ein heißer Tag, schwül. Es floß keine Träne, keine …

OSKAR: Die Mutter ist unwichtig, der Vater, was war mit Deinem Vater?

PHILLIP: Vater? Onkel, ein schwarzer Mann, er trank zuviel. Sein Gesicht war aufgedunsen, zu brutal, um wahr zu sein. Ich glaube, ich hatte keinen Vater. Nein, nein, ich hatte keinen Vater!

HEINRICH: Erinnerung ist alles, alles. Du mußt die

Gegenwart jetzt beiseite werfen, es gilt jetzt nur die Vergangenheit.

OSKAR: Thunfisch, denk an Thunfisch.

PHILLIP: Thunfisch? Ja, mein Vater aß ihn rasend gerne, wir aßen ihn oft, zu oft, den einen bösen, harten, brutalen. Liebe gilt nicht für das Geschäft. Sentimentalität steht nur Gott zu, nicht einem Mann wie ich es bin, das hat mein Vater oft gesagt. Er war ein Mann aus Stein, Steine sind hart, sie haben keine Gefühle.

OSKAR: Er ist zu weich!

HEINRICH: Er muß noch viel lernen!

OSKAR: Ich glaube, da bleibt ihm keine Zeit mehr, Feiglinge werden geboren, aber nicht erzogen.

PHILLIP: Feigling? Mein Vater war ein Feigling, er war feige bis zur letzten Minute. Er hat gejammert, als er merkte, daß es aus ist. Ein Bär, der wimmert, weint. Erschreckend, besonders für ein Kind. Sein Leben kann darum bestaunt werden. Ich habe nie um ihn getrauert. Warum? Das weiß ich selber nicht. Mir hat er doch nie etwas Böses getan? Aber dann verschwindet mein Vater, andere schwarze Männer tauchen auf, Fragen, viele Fragen, ich kann nicht weiter, ich breche zusammen...

HEINRICH: Wie ging es weiter nach der großen Leere, irgend etwas muß doch gewesen sein?

PHILLIP: Viele Kinder, kleine, große, Zank und Streit. Körperlich war ich immer Sieger geblieben, aber geistig, da verlor ich alles.

OSKAR: Das war seine Zeit im Waisenhaus. Ich habe ihn nach 2 Jahren herausgeholt. Er hatte damals unglaubliche Kräfte, aber er war weich, feig.

PHILLIP: Feig? Möglich, ich kann mich nicht erinnern.

SIEGLINDE: Was kam dann?

PHILLIP: Dann? Stille. Eine alte Frau, zwei große Puppen. Lebensgroß. Die Frau war alt und häßlich. Sie roch schon nach Tod, Verwesung. Ein Papagei. Ich hätte ihn gern, den Papagei. Er war so gut zu mir. Er hatte traurige Augen und er konnte sprechen, viele, viele Worte. Und dann der Tod der Frau. Sie lag weiß, fast rosa auf dem rosa Kissen. Eingefallen das ganze Gesicht. Leblos, nie gelebtes Leben, ohne Stimme, ohne Liebe.

OSKAR: Du warst grausam zu ihr.

PHILLIP: Ja, ich habe sie gehaßt. Ich hasse alles alte und verbrauchte. Alle alten Sitten, Regeln. Die Zukunft, die ist wichtig, aber dunkel, viel zu dunkel. Wenn jemand schuldig ist, dann ist es diese Frau!

OSKAR: Sie war gut zu Dir!

PHILLIP: Nein, sie quälte mich.

HEINRICH: Du hast sie gequält. Viel zu lang gequält.

OSKAR: Dein Herz ist kalt, Deine Sinne sind verlogen, Du bist nicht wert zu leben und nicht fähig.

PHILLIP: Ich werde es zu mehr bringen, als Du. Von mir wird man einmal gut sprechen. Ich werde kein Verbrecher sein wie Ihr. Das Leben ist zu hart, als daß es das nicht anerkennen würde.

OSKAR: Erzähle weiter aus Deinem Leben, was war nach der Frau, was suchst Du?

PHILLIP: Nichts, gar nichts. Eine Großstadt. Nacht für Nacht helle, beißende Neonlichter. Musik, Tanz, das Quälen der Gewalten und …

HEINRICH: Überlege genau, was war dann?

PHILLIP: Männer, viel zu viel Männer. Ich habe sie verachtet, gehaßt.

OSKAR: Was waren das für Männer?

PHILLIP: Ich weiß es nicht.

HEINRICH: Rede!

PHILLIP: Nein, nein ich weiß es nicht.

OSKAR: Versuche zu verstehen. Hast Du einen Wunsch?

PHILLIP: Ich suche Gott!

HEINRICH: *(spöttisch)*   Er sucht Gott. Wußtest Du noch nicht, daß das vorbei ist?

OSKAR: Daß es keinen Gott mehr gibt. Nur ein Phantom, es ist zu schwer zu erklären!

PHILLIP: Gott. Ein Wort voll Herz, voll Liebe. Ich ersehne eine Kraft, die nur Weisheit schenkt! Ich erbitte sie, ich liebe alles Gute, die Schönheit der Kunst.

OSKAR: Du bist schlecht, verdorben!

SIEGLINDE: Verlogen? Jeder Mann lügt, betrügt. Ausnahmen? Die müßten erst geboren werden, aber Du bist auch vergänglich, Heinrich!

HEINRICH: Ja, den Traum durchbrechen?

OSKAR: Du bist ein Schwein, Charakterschwein. Wie alle Menschen, alle, alle …

PHILLIP: *(schreit)*   Das ist eine Lüge, eine ganz gemeine Lüge. Ihr wollt mich erpressen, alle, Du und Du und Du und Du …

HEINRICH: Halt's Maul.

SIEGLINDE: Er weint. Ein Mann, der weint, der lügt. Männer, die weinen, betrügen.

GROSSM.:   Die betrügen … Du hast Recht, Recht …

PHILLIP: Ich flehe Euch an, glaubt mir, es hat keinen Sinn das Leben zu hassen, es gibt einen Gott, nur muß sich jeder Mensch ihn selber bilden, finden, suchen.

OSKAR: Ich glaube an meinen Geist, an meine Kraft,

das ist mein Gott, mein Schutzengel. Ich habe nie damit gefehlt.

PHILLIP: Aber Ihr fehlt alle, alle werdet Ihr wie Tiere verrecken, dahinsiechen, im Staub ersticken.

OSKAR: Da hast Du Recht, das ist das Schicksal eines guten Menschen, die gehen alle am Wahnsinn drauf, wenn sie wollen, daß sie hintergangen werden.

PHILLIP: Der Kern eines Menschen mag vielleicht schlecht sein, es kommt nur darauf an, wie man ihn überwindet, wie man sich findet, was man an seinem Leben macht, ob gut oder schlecht, wer sich liebt, der hat es gut, der lebt!

OSKAR: Du phantasierst, der Traum ist zu gemein für meine Begriffe, für meinen Lebensstil.

HEINRICH: Und wie gedenkst Du, lieber Neffe, Dein Leben weiter zu verpfuschen? Einfach weiterleben, ganz billig vegetieren? Ein Sproß unserer Familie möchte ein langweiliges Leben in gesicherter Position führen. Glücklich mit Frau und Kind. Von Liebe angeführt.

PHILLIP: Ist das Leben ein Traum? Kann man das Leben als Traum bezeichnen?

OSKAR: Ja, beantworte Dir Deine Frage selbst. Ist das Leben ein Traum?

PHILLIP: Nein, das Leben ist kein Traum, aber ein Leben, das von einem schönen Traum bestimmt wird, muß zwangsläufig herabgesetzt werden, zusammensinken.

HEINRICH: Dein Leben steht im Zeichen eines schönen Traums, eines Gottes, einer Lebenslüge. Du lebst umsonst!

PHILLIP: Ich werde mein Leben meistern.

OSKAR: Falls wir Dir eine Chance geben.

HEINRICH: Was ist das, Leben?

PHILLIP: Eine brutale Offenheit, die in der Liebe nicht zählt, niemals zählen wird, aber man kann die Liebe zu einem Leitstern machen, nach ihr leben, für sie leben und das Dunkle überwinden. Sich selber finden, einen guten Weg zum Guten suchen.

OSKAR: Aber Du wirst ihn nicht finden, dieser Gedanke ist zu gewagt, als daß man ihn ausführen könnte, und Du hast kein Recht, Dir solche Taten anzumaßen.

PHILLIP: Doch, ein jeder hat das Recht, etwas Gutes zu tun …

HEINRICH: Du phantasierst.

PHILLIP: Nein, ich sehe alles klar, mein ganzes Leben, meine Zukunft, mein Gewissen, meinen Traum.

HEINRICH: Du verlierst an Glaubwürdigkeit. Liebst Du Deine Frau und Dein Kind?

PHILLIP: Ja, natürlich.

OSKAR: Sehr?

PHILLIP: Ja, mehr als alles auf der Welt.

HEINRICH: Du gibst also zu, daß Du Deine Familie mehr als die Gerechtigkeit liebst, mehr als Gott.

PHILLIP: Ja, das ist im Sinne Gottes, meines Gottes, das ist meine Gerechtigkeit.

OSKAR: Ausgeglichen! Eine Gerechtigkeit zusammengesucht, nach der man leben kann. Das ist ein Traum, ist eine Lüge.

PHILLIP: Nein, das ist eine Wahrheit, eine Wahrheit, die ganz zu erfüllen, meine Aufgabe ist! Ich liebe mein Leben und werde dafür kämpfen, und zwar mit Wahrheit gegen Eure Lügen und Verbrechen.

OSKAR: Wir lügen nicht, wir sehn das Leben wie es ist. Nur mit Härte kann man das Vergängliche überwinden. Nur Brutalität verhilft zum Ziel. Du belügst Dich selbst, Du willst mit einem Traum über die Wirklichkeit triumphieren, Du täuschst Dein eigenes Ich. Ich möchte hierbei eine Episode aus Phillips Leben berichten. Ich traf ihn einmal, mit verträumten Augen, einen mit Regenwolken verhangenen Himmel verschlingen. Auf meine Frage, was er denn sehe, antwortete er: »Die Sonne.«

PHILLIP: Ich sehe in allem Ursprung die Kraft der Sonne. Was wären wir alle ohne Sonne?

HEINRICH: Wir haben Automaten.

PHILLIP: Und Ihr meint, Ihr könnt nur mit Automaten auskommen, mit Radar, mit Atom? Die Dummheit des einzelnen ist die Politik der Massen. Ein einzelner Nihilist gilt nichts, aber die Masse ist gefährlich, sie verpestet die Gesellschaft, jede Lüge wird zur Wahrheit, Ungerechtes zu Gerechtem, und Haß zu Liebe. Wer haßt, der haßt immer, immer, immer wieder …

OSKAR: Siehst Du denn nicht ein, daß die Menschheit als solche schlecht ist, und daß sie nur mit Schlechtigkeiten bestehen kann?

PHILLIP: Nein, die Liebe rettet, kann alles retten …

HEINRICH: Auch die Liebe ist vergänglich, ewig ist nur der Kampf des Bösen gegen das Gute und immer, immer wird das Böse siegen, darum haben wir uns Brutalität zum Leitbild gemacht. Was hältst Du vom Theater? Was hat es für eine Einwirkung auf die Zivilisation?

PHILLIP: Es kommt darauf an, was Ihr unter Zivilisation versteht. Zivilisation heißt eine Zahnbürste besitzen, Kultur aber, sie auch benützen. Das zu definieren, dazu gehört ein feines Fingerspitzengefühl.

HEINRICH: Gut, sagen wir für die Kultur des heutigen Zivilisationsstaates.

PHILLIP: Ja, da hat das Theater einen Sinn. Das kann die Spitze eines Volkes, den intellektuellen Stand auf geistiger Höhe halten.

HEINRICH: Du gibst also zu, daß das Theater brauchbar ist fürs Volk?

PHILLIP: Ja, sicher.

OSKAR: Dann geh ins Theater. Geh und sieh Dir die Grausamkeiten dieser Stümper an, dieses herzlose Ansinnen des Nurlebens, nicht Lebenlassens. Diese Auswüchse an Perversitäten nennst Du hervorragend für die Spitze des Volkes, den sowieso schon überheblichen Intellektuellen.

PHILLIP: Ja, das mag richtig sein, aber ein Stück zwingt doch zum Nachdenken, und das allein bedeutet doch schon eine Schulung des Geistes. Ihr müßt die kleinsten Kleinigkeiten, auch das Gute!

OSKAR: Du siehst nur das Gute. – Schlecht ist die Menschheit, schlecht, von Schlechtigkeit durchdrungen.

PHILLIP: Nein, niemals. Der Kern mag vielleicht schlecht sein, aber man kann an sich arbeiten, wachsen.

HEINRICH: Du mußt doch zugeben, daß das Leben keinen eigentlichen Sinn hat. Oder?

PHILLIP: Ja, ja – aber …

HEINRICH: Nicht aber. Das Leben hat keinen Sinn!

OSKAR: Und alle Menschen haben einen schlechten Kern!

PHILLIP: Ja, aber die Liebe…

OSKAR: Halt's Maul! Man muß versuchen, sein Leben so zu leben, wie es am besten ist.

PHILLIP: Ja, ja, ja…

HEINRICH: Und notfalls auch mit Lügen, Verbrechen. Man muß versuchen, gut zu leben und die Liebe so zu nehmen wie sie kommt. Nicht nach der Liebe zu leben.

PHILLIP: Ja, aber der Traum…

OSKAR: Kein Traum, jeder Traum ist böse ohne Grund gestaffelt in Vertrauen, das keines ist. Lebt in Liebe, gaukelt Liebe vor, die Haß ist. Stimmt's, jede Liebe wird zu Haß?

PHILLIP: Ja, zwangsläufig, doch das Herz des einzelnen…

HEINRICH: Der einzelne hat kein Herz, nur die Masse, und die hat zuviel. Jeder Mensch ist schlecht, auch Du.

PHILLIP: Ja, ja, ich bin schlecht!

OSKAR: Du spielst Dir eine Komödie vor, wenn Du sagst, daß Du gut bist.

PHILLIP: Ja, ja, Du hast Recht, ich hasse alle, alles, ich bin schlecht, ich lüge, mein Leben ist einziges Verbrechen, verschleiert hinter der Lüge des Guten.

HEINRICH: Jedes Wort was Du sagst ist eine Lüge, Wahnsinn, und falschem Heldenmut gespielt. Du ekelst uns an, Du bist noch dreckiger als wir, als wir, die wir die harte und echte Wahrheit sagen. Wir, die wir im Haß leben.

PHILLIP: Ja, ich gebe alles zu, alles, alles. Ich bin gemein, hinterhältig, ich hasse mich, ich ekel mich vor mir!

OSKAR: Schluß, ich hasse Würmer. Ich glaube, wir haben wieder einen Menschen zu sich selbst geführt. Das Leben ist so, wie wir es zeigten, verlebt, verbraucht...

im
land
des
apfelbaums II

lyrik
prosa
und ein hörspiel
aus dem jahre 1963

von
rainer werner fassbinder

meiner mutter
weihnachten 63

Gedichte

Gerechtigkeit
Penner-Saga
Sünde

Kurzgeschichten

Susanne
Rosa Pudding
Sauerkraut

Hörspiel

Hermaphrodit

Ein Held der Neuzeit
Verständnis für Rafaele Pagano

in memoriam John Fitzgerald Kennedy

Gerechtigkeit

Gab es Zeiten
Wo ihr froh wart
Brot zu haben?
Trocknes Brot?
Heute findet ihr
In den Abfalltonnen
Der Schulen
Der neuen Häuser
Dick beschmierte Brote
Ist das gerecht?
Gab es Zeiten
Wo ihr reich wart
Mit 'nem Dach?
'Nem undichten Dach?
Findet ihr Menschen in
Baracken
Und in Ruinen
Dann schämt ihr euch ihrer
Ist das gerecht?
Gab es Zeiten
Wo ihr krank wart?
Abgezehrt?
Und oft sehr hungrig?
Noch findet ihr Bettler
Hungrig und
Auch oft abgezehrt
Dann gebt ihr nicht Nahrung?
Sicher kein Dach?
Warum beschimpft
Bespuckt ihr sie

Ist das gerecht!
Ist das gerecht?

Penner-Saga

Liegt der fette Bürger
Mit gefülltem Magen schon im Bett
Schwimmt als Schweinewürger
Bald im eignen Fett
Zieht zu später Stunde
Unrasiert ein Mann durch Nacht und Wind
Geht die Ehrenrunde
Für des Fetten Kind
Sieht die feine Hausfassade
Sieht des Bürgers Domizil
Und er denkt bei sich, wie schade
Daß ich auf die Straße fiel
Doch im Anbetracht das Leben
Das Gutes nimmt und Schlechtes gibt
Sollten ihm die Götter geben
Daß er dieses Leben liebt
Doch er denkt an eine Brücke
Die zum Feigling ihn gemacht
Und in diesem Augenblicke
Sieht er ein, daß Gott nur lacht

Sünde

Ich habe zur Sünde
Wohl mehrere Gründe
Hier will ich's ergründen
Warum ich muß sünden
Es gibt auf der Erde
Eine große Herde
Die Bürger sind das
Wohlerzogen zum Haß
Aus Haß gegen Denker
So werden sie Henker
Der besseren Liebe
Die nicht kommt vom Triebe
Und ein bißchen pervers
Sich wohl nicht reimt im Vers
Den jene sich machen
Wenn sie nächtlichs wachen
Nur aus diesem Grunde
Hab ich meine Wunde
Die ich schnell muß heilen
Will ich noch verweilen
Auf der billigen Welt
Die Versprochnes nicht hält

Susanne

Er spürte nicht die Hitze, sah nicht die Straße, und er glaubte nicht an Gott. Das Pflaster, auf dem sich das Dunkel spiegelte, war heiß, sehr heiß, und er hatte Lust, unsagbare Lust auf eine Frau. Er stellte sich Susanne vor, so wie er sie in der Zelle immer vor sich gesehen hatte. Nackt und schamlos. Die weißen Brüste, an die man sich klammern konnte und die Schenkel, Schenkel... Er hustete. Seine Lunge war krank, sehr krank, ausgefressen, schwarz. Lange werde ich's wohl nicht mehr machen. Vorher war es schon recht schlimm gewesen, aber dann noch die Zelle, die Schläge, der Haß und der Ekel. Und dann waren da noch die Träume gewesen, seltsame Träume, und er hatte sie mit offenen Augen geträumt. Da war der Traum mit dem kleinen Mädchen gewesen, das er in den Wald gelockt hatte, gelockt mit Chrysanthemen. Er hatte das Lachen des Kindes vor sich gesehen, nur das Lachen und die Augen, grüne, dunkelgrüne Augen, sonst nichts. Vor allem keinen Körper, kein Gesicht. Aber Susanne hatte einen Körper gehabt, und was für einen. Einen Körper, der Gift für einen Sträfling ist, sein muß. Alles Lust, die sich gestaut hatte und die er heute abreagieren mußte. Chrysanthemen? Nein, bitte nicht das! Alles, nur das nicht! Aber hat es die Gesellschaft anders verdient? Hat sie es wirklich anders verdient? Sie haben mich Verbrecher genannt, Tier. Und sie hatten keinen Grund. Soll ich ihnen jetzt einen Grund geben, mich zu bespucken, mit Steinen zu bewerfen? Aber das Mädchen, täte es mir nicht leid? Sicher, ich könnte keine Nacht mehr schlafen, mein Herz würde rasen vor Scham, ewig! Aber vor wem sollte ich mich schämen? Vor den Richtern, den Staatsanwälten? Vor dem Volk, vor der Gerechtigkeit? Nein, sicher nicht vor der Gerechtigkeit! Der würde ich ins Gesicht spucken, würde sie mit Füßen treten, so wie sie es mit mir gemacht hat, die Gerechtigkeit. Er spuckte aus, lachte bitter und ging weiter. Dann Susanne, irgendeine Susanne, und sie soll mich lieben, für eine Nacht soll sie mich lieben, und sie soll mich anhören und bedauern. Ich werde mich in ihren Brüsten vergraben, so wie ich es in meinem Traum immer getan habe, und sie soll stöhnen, so wie die Susanne meines Traums gestöhnt hat. Ihre Liebesworte sollen banal und ordinär sein, weil ein Zuchthäusler es nicht anders verdient, und weil ich es auch gar nicht anders will. Ihre Schenkel werden fett sein, alt, verbraucht, von kleinen blauen Äderchen durchzogen. Und ich werde hineinfassen, und es wird sich anfühlen wie ein Schwamm. Sie wird sich vor mir schämen, trotzdem sie jeden Abend einen anderen Mann zu sich nimmt, vor mir wird sie sich schämen, und sie wird versuchen die Schenkel zu verdecken, aber ich werde sagen, schreien werde ich, nein, das ist das, wovon ich Jahre geträumt habe, und sie wird glauben, daß ich verrückt bin. Soll sie, darf sie. Sie kann ja nicht verstehen, wie ich mich nach diesen Schenkeln gesehnt habe. Dann werde ich gehen. Mein letztes Geld werfe ich auf den Tisch, der schmutzig ist, und gierig wird sie danach greifen. So gierig!

Die Straßen wurden immer dunkler, seine Gedanken immer verwirrter. Der Husten kam regelmäßig, und er tat weh. Die Zigaretten schmeckten nicht, er konnte das Nikotin in jeder Faser seiner kranken Lunge spüren. Die Nacht war heiß, sehr heiß. Schweiß stand auf seiner Stirn, und ab und zu wischte er ihn mit seinem Hemdärmel ab. Ich darf nicht mehr so viel rauchen, sonst gehe ich drauf, bevor ich Susanne gefunden habe. Und ich will sie doch finden, natürlich. »Sagen Sie, führen Sie immer Selbstgespräche?« – »Selbstgespräche? Ach so, ja manchmal, wenn ich allein bin.« – »Sind Sie gern allein?« – »Oh Gott, nein. Das ist das Schlimmste für mich.« – »Aber warum sind Sie dann allein? Heute muß doch niemand mehr allein sein.« – »Ja, das ist schwer zu erklären. Ich such sozusagen jemanden, mit dem ich, ich – mich unterhalten kann.« – »Ach? Ich auch, ich bin genau so ungern allein. Wir können ja ein Stückchen zusammen gehen, nicht?« – »Aber natürlich, sicher.« – »Wenn wir schon zusammen gehen, wie heißen Sie denn?« – »Ich? Ach so, Fremder, nennen Sie mich einfach Fremder.« – »Sie sind ein seltsamer Mensch. Aber das macht nichts, das ist sogar eher spannend. Trotzdem, ich heiße…« – »Susanne?« – »Nein, Sie sind ein komischer Kauz. Ich heiße Carmen. Ich bin immer sehr stolz darauf gewesen. Aber wenn Sie mich Susanne nennen wollen, bitte. Mir macht das nichts aus.« »Nein, ich will Sie nicht Susanne nennen. Carmen ist auch ein schöner Name. Wo kommen wir eigentlich hin, wenn wir hier weitergehen?« – »Zu mir, nur zu mir. Wir werden etwas zusammen trinken. Sie gefallen mir, und ich habe Vertrauen zu Ihnen.« – »Ja, aber…« – »Kein aber, wenn Sie irgendwelche Bedenken haben, können Sie ganz beruhigt sein. Ich werde Sie nicht fressen. Gut?« Er nickte. Eigentlich war es ihm völlig egal. Die oder eine andere, das ist doch ganz gleichgültig. Wir werden was trinken, und dann werden wir ins Bett steigen. Was soll's? Ich habe solange nur davon geträumt. Nein, Bedenken hab ich nicht. Die Wohnung war sauber, etwas zu bürgerlich, aber es kam ja auf das Bett an, und das war breit, breit genug. Sie war jung und schlank, und kein Äderchen war auf ihren Schenkeln zu sehen, und sie war leidenschaftlich, sehr leidenschaftlich, und er glaubte, daß er sie liebte. Ihr Stöhnen war Musik für ihn, er hatte geglaubt, nie wieder so schamlos glücklich sein zu können, wie in diesen Stunden, aber gleichzeitig wußte er, daß es vorbei sein würde, sobald es Tag wurde. Und er begann zu erzählen, als ob er Angst hätte, nie damit fertig zu werden, seine Geschichte niemals vollenden zu können. Und sie hörte zu, weinte, denn sie liebte ihn, und keine falsche Gerechtigkeit sollte sie hindern, diesen seltsamen Menschen zu lieben, dem sie ansah, daß er todkrank war, der bald gehen würde, weg für immer. Er verstand sie nicht. Wie hätte er sie auch verstehen sollen, nach dem, wie er die Welt kennengelernt hatte…

Rosa Pudding

Der Säugling lag im Kinderwagen und schrie. Grundlos. Vielleicht hatte er Hunger. Auch im Radio schrie sich eine blecherne Stimme heiser. Der Junge saß auf einem Schemel am Tisch und hörte nichts. Nicht das Geschrei des Kindes und auch nicht das Geplärre aus dem Radio. Er war taub. Seine blöden Augen glotzten aus dem Fenster auf den Hof, und sie sahen verschwommen, konturlos Frau Müller von nebenan, die Wäsche auf die Leine hängte. Er sah sie, aber er erkannte sie nicht, nein, er konnte sie ja gar nicht erkennen, denn sie schaute immer zur Seite, wenn sie ihm auf der Treppe begegnete. Sie ekelte sich vor ihm. Dann wandte er den Kopf und sah in den Spiegel, der über dem Ausguß hing. Ein lippenloser Mund, weit aufgerissen. Eine dicke, dunkellilane Zunge schaute hervor. Die Nase, fast nur aus zwei großen Löchern bestehend und die Augen. Andere Augen, es war ein anderes Gesicht. Lange schaute er auf sein Gesicht, aber er war sich nicht bewußt, daß es anders war. Ihm war es nie bewußt gewesen. In seinem vierzehnjährigen Leben war ihm noch nie etwas bewußt gewesen. Er stand auf. Sein Körper war klobig, plump, schien überhaupt nur aus Rumpf zu bestehen, aus einem unförmigen Rumpf. Er ging zum Wasserhahn, drehte ihn auf und begann laut glucksend zu lachen, als das Wasser herausspritzte. Er hatte schon immer Freude an fließendem Wasser gehabt. Er drehte den Hahn zu und wieder auf. Bis ihm dies Spiel keinen Spaß mehr machte.

Im Radio sagte eine wohltönende Stimme den nächsten Schlager an, der Säugling schrie immer noch. Bestimmt hatte er Hunger. Hunger tut weh, und so ein Kind schreit nun mal, wenn es Hunger hat. Der Junge hörte es nicht. Aber der rosa Kinderwagen war ihm aufgefallen. Das Rosa erinnerte ihn an den Pudding, den er heute zum Nachtisch bekommen hatte. Er ließ sich auf den Boden plumpsen, fast schien sein Körper jetzt beweglich zu sein, denn der Pudding hatte ihm geschmeckt. Er kroch zum Kinderwagen und schleckte daran. Zuerst war er erstaunt. Er versuchte sich den Pudding in Erinnerung zu bringen, aber er sah nichts als die Farbe, Rosa. Noch einmal leckte seine lila Zunge. Nichts. Und dann wurde er wütend. Und jetzt sah er das Kind. Er wälzte sich auf, beugte sich über den Kinderwagen, nahm die Hand des Kindes, die ihn zurückstieß, und sah Rosa. Rosa Pudding – fleischfarbene Hand. Er sah sie rosa. Führte sie zu seinem lippenlosen Mund. Sie schmeckte nach Mensch, aber seine dunkellilane Zunge schmeckte Pudding, rosa Pudding und er biß. Seine ganze Kraft legte er in diesen Biß, denn er war wütend, und er hatte viel Kraft. Kurz hatte das Kind aufgeschrieen. Jetzt schrie es nicht mehr. Es hatte die Besinnung verloren. Plötzlich aber schmeckte die Hand gar nicht mehr nach Pudding. Er spuckte sie aus. Sie fiel auf den Boden, und es sah so aus, als wollte sie nach dem Baustein greifen, neben den sie gefallen war. Sein Zorn wuchs. Diesmal auf das kleine Stück Menschenkind, das ihm ja Pudding vorgegaukelt hatte, rosa Pudding.

Er packte das Kind und trug es auf den Tisch, legte das ohnmächtige Bündel zwischen schmutzige Teller und Tassen, setzte sich auf seinen Schemel, schaute aus dem Fenster, sah Frau Müller, verschwommen, konturlos. Er erkannte sie nicht. Dann wandte er sich um, sah den Wasserhahn, stand auf und ließ Wasser fließen, drehte den Hahn wieder zu und ließ es wieder fließen.

128

Das Kind hatte er vergessen. Im Radio sang sich eine Stimme heiser, aber das Kind schrie nicht mehr, es wird nie wieder schreien.

Sauerkraut

Es regnete. Meistens regnet es, wenn man gerne Sonnenschein hätte. Die Straße war schmutzig, und die Häuser waren alt, dunkel. Ich schätzte sie ab. Fünf Zeitungen? Mindestens zwei. Oder vielleicht gar keine? Ängstlich drückte ich auf den ersten Klingelknopf. »Zehnpfennig«, was die Leute nur für Namen mit sich rumtragen. Ein ganzes, langes Leben lang. »Guten Tag, gnädige Frau, entschuldigen Sie bitte die Störung, aber ich wollte gerne fragen, ob Sie Interesse hätten, eine Zeitung zu bestellen.« Die »gnädige Frau«, ein dickes, rotnasiges Weib, begann zu fluchen: »Daß einen die Leute auch gar nicht in Ruhe lassen können. Jeden Tag kommt so ein Landstreicher dahergelaufen und möcht uns was andrehen.« Bums, die Tür war zu. Scheiße! Wie mich das anekelt. Landstreicher, dahergelaufen. Nie wieder. Aber du brauchst doch das Geld, unbedingt brauchst du es. Du selbst hast die ganze Woche noch kein warmes Essen gehabt und vor allem Maria mit dem Kleinen. Ich muß noch ein paar schreiben heute, ich darf sie nicht hungern lassen. Ich klingle. Ein kleiner Junge macht auf, schmales Gesichtchen mit großen, glänzenden Augen, traurigen Augen. »Ist die Mutti da?« – »Ja, ich geh sie mal rufen.« – »Bitte.« Das Treppenhaus ist dunkel, die Birne ist durchgebrannt, es riecht muffig, aber von oben kommt ein wunderbarer Duft von Sauerkraut. Kannst du dir Sauerkraut vorstellen? Richtiges, duftendes, warmes Sauerkraut? Und ein Kasseler Rippchen dazu? Herrlich! Heute abend, sicher. »Nein, die Mutti ist nicht da.« Die Augen des Jungen sagen, sicher ist sie da, aber immer schickt sie mich, daß ich die Leute wegschicke.»So, nicht da. Gut. Auf Wiedersehen.« Sie zwingen ihre Kinder dazu zu lügen und später, wenn sie dann mal lügen, dann wird gescholten und geprügelt. Eine herrliche Welt dies. Herrlich einfach. Wir wollen nicht mit so einem reden, dann schicken wir die Kinder, die lügen, denen macht es ja nichts aus zu lügen, ja, die lügen sogar gern. Daran, daß den Kindern auch etwas peinlich sein könnte, denken sie nicht. Sie denken überhaupt zu wenig, sie sind viel zu dumm und stumpf, um eigne Gedanken führen zu können. – Ich klingle an der Tür, hinter der es Sauerkraut gibt, hinter der glückliche Menschen leben. »Sie wünschen?« Die Frau ist ungefähr dreißig. Sie hat ein gutes Gesicht, ein rosiges Gesicht mit blauen Augen. Schönen Augen. Und sie ist freundlich, Sie wünschen ... »Entschuldigen Sie bitte, daß ich störe, aber ich wollte gerne fragen, ob Sie Interesse haben, eine Zeitung zu bestellen.« – »Vielleicht. Was haben Sie denn anzubieten?« Ihre Stimme ist gut. Eine wohlklingende, gute Stimme. »Rundfunkzeitung, Modezeitschrift, oder etwas für die Familie ...« »Na, ich seh mir das mal an. Kommen Sie doch rein.« »Rein?« – »Ja, sicher, oder wollen Sie draußen warten? Streifen Sie bitte die Füße ein wenig ab. Ich hab es gern sauber.«

Die Küche ist sauber und hell. Tatsächlich, sie ist hell. Ich schiele auf den Sauerkrauttopf. Er ist schwarz, undurchdringlich. Sauerkraut. »Haben Sie Hunger?« – »Hunger? Ja, aber.« – »Nichts da aber. Ich gebe Ihnen gern etwas. Hab zwar nur Sauerkraut, aber vielleicht schmeckt es Ihnen.« Nur Sauerkraut. Wie kann man »nur« Sauerkraut haben? Entweder man hat welches und ist glücklich, oder man hat keins und Hunger. Sie stellte einen blauen Teller auf den Tisch. Ein

Berg war darauf gemalt und darunter stand »Nürn-
berg«. Sie hob den Deckel vom Topf und rührte kurz
um. »Aber dann hat Ihr Mann ja nichts mehr.« – »Da
brauchen Sie keine Angst zu haben, mein Mann muß
nichts mehr essen.« – »Wie kann ich das…« – »Er ist
tot. Letzte Woche. Er war ein guter Mann.« Ihr Gesicht
wurde hart, nur kurz, dann entspannte es sich wieder.
»Ich habe mich noch nicht daran gewöhnt, allein zu
essen. Darum koche ich auch noch immer soviel, wie
zu Zeiten, wo wir zu zweit waren. Aber lassen wir das.
Sprechen wir nicht davon.« Das Sauerkraut schmeckte
herrlich. Nie vorher hatte es so gut geschmeckt. Ihr
Gesicht strahlte, als sie sah, daß sie mir eine Freude
bereitete. Sie fragte nicht, schmeckt's, oder so etwas,
nein, sie merkte, es schmeckt, und das machte sie froh.
»Möchten Sie ein Stück Brot dazu?« – »Brot? Nein
danke. Das Sauerkraut ist schon fast zu viel.« Schnell
war mein Teller leer, und ich war satt. Satt ist gut, satt
ist sehr gut. »Wenn Sie wollen, können Sie gerne jeden
Mittag zu mir kommen.« – »Ja, aber…« – »Kein aber.
Ich bin zwar nicht mehr lange hier, zwei, drei Monate,
aber bis dahin können Sie gerne kommen.« Ich wußte
nicht wie mir geschah. So etwas in dieser Stadt, in der
ich bisher nur Geiz und Neid gefunden hatte. Lange
Zeit schwiegen wir beide. Dann sagte ich: »Ich würde
gerne kommen, aber ich kann das nicht annehmen, so
ganz ohne…« – »Unsinn. Mein Mann war Bergmann.
Ich bekomme eine ziemlich hohe Rente. Ich weiß so
gar nicht, was ich mit dem Geld anfangen sollte. Ich
mach das wirklich gerne. Und außerdem muß ich
dann nicht immer allein sein.« Ich wußte nichts mehr
zu sagen. Stumm verabschiedete ich mich. Ihr Hände-
druck war fest. Und dann sagte sie noch: »Sie kommen

doch morgen? Ich weiß, daß Sie kommen.« Ich nickte nur. Die Straße dann war sonnig. Es regnete nicht mehr.

Hermaphrodit

Ein Hörspiel

FRAU: Wieder ein grauer Morgen.

1. STIMME (WEIBLICH): Jeder Morgen ist ein grauer Morgen. Ob es schneit, regnet oder ob die Sonne scheint. Für *sie* ist jeder Morgen grau.

FRAU: Ich muß aufstehen. Immer muß ich wieder aufstehen. *(Schaltet das Radio an)*

RADIOSTIMME: ... ist es 7.30, also höchste Zeit für Sie um aufzustehen. Einmal müssen Sie's ja doch.

FRAU: Einmal muß ich's doch...

RADIOSTIMME: Wir setzen nun unser beschwingtes Karussell fort. Ich hoffe, Sie werden sich gut unterhalten. *(Musik)*

FRAU: Ja, ich muß...

1. STIMME: Sie gleitet aus dem Bett, fährt sich mit der Hand durch die Haare und...

FRAU: *(seufzt)*

1. STIMME: ... seufzt. Sie tut das jeden Morgen. In diesem Ton verbirgt sie allen Widerwillen und alle Lebensangst.

FRAU: Ich muß mich beeilen.

1. STIMME: Jetzt geht sie ins Bad. Ihr Körper ist schlank, gut erhalten. Sie weiß das auch, aber ihr Gesicht...

FRAU: Neununddreißig. Und mit jedem Tag werde ich älter. Heute kann ich Runzeln und Falten verbergen. Aber wie lange noch? *(Wasserfließen)*

1. STIMME: Ja, sie schminkt sich schnell und gut. Sie ist

ja aus der Branche. Dann kämmt sie sich und sucht graue Haare. Sie findet auch welche.

FRAU: Jeden Tag werden es mehr.

1. STIMME: Das ist leicht übertrieben, aber im Negativen übertreibt sie gern. Sie will leiden. Und wenn sie graue Haare findet, leidet sie.

FRAU: Es ist schrecklich, alt zu werden. *(Wasserfließen)*

(Schritte auf Steinpflaster. Straßenlärm. Hafensirenen)

1. STIMME: Sie geht durch das Hafengebiet. Es ist eine große Abkürzung zum Modesalon Aphrodite, aber die Gerüche sind übel, und nicht selten kommt es vor, daß sie schamlos angesprochen wird.

2. STIMME: So allein? Ich hab Zeit, ich kann Sie gern begleiten.

1. STIMME: Mit geradeaus gerichtetem Blick schreitet sie dann weiter, ohne sich umzudrehen. Meistens denkt sie…

FRAU: Ein ekelhafter Kerl…

1. STIMME: Manchmal aber auch…

FRAU: Ein hübscher Junge, wenn…

1. STIMME: Sie hat nur sehr vage Vorstellungen von diesem Wenn. Und wenn sie mit dem Gedanken nicht weiterkommt, dann sagt sie…

FRAU: Ich bin eine alte Frau.

1. STIMME: Und versucht das hübsche Gesicht zu vergessen. Sie ist da. Modesalon Aphrodite. Sie geht hinein.

(Auf einem Schiff)

136

PIT: He, Hermes! Kommst Du mit?

HERMES: Wohin?

PIT: In'n Puff! Wohin denn sonst? In die Kirche etwa? Du stellst Dich vielleicht an.

HERMES: Was soll ich'n da? Ich hab hier 'ne dufte Kleine sitzen. Die wartet auf mich. Immer wartet die auf mich.

PIT: Pah! Daß ich nicht lache! Auf Dich wird ein anständiges Mädchen warten. Auf 'n black boy!

HERMES: Sag das nicht noch mal. Ich bin schwarz, aber ich bin stolz darauf, daß ich so bin. Und außerdem ist das nur Dein Neid, daß auf Dich niemand wartet. Hier nicht und auch sonst nirgends.

PIT: Na und? Wozu auch. Ich hab mein Schiff. Auf dem fahr ich und mit dem bin ich verheiratet, sozusagen. Und wenn wir einen Hafen anlaufen, dann entläßt es mich, mein Schiff und ich geh zu einer Hure. Ich hab das satt, diese Heulerei, ist jedesmal so hart, wenn ein Mädchen am Kai steht, weint und winkt und winkt.

HERMES: Für Euch gibt's ja nichts Schönes mehr. Nur so ekelhaft aufgetakelte Weibsbilder und dreckige Witze. Weiter nichts. Ich hab mein Mädchen und ich liebe sie. Und sie liebt mich auch. Und ich lasse mir von Euch allen nichts einreden.

PIT: Na, mach's gut Blacky und viel Spaß mit Deiner Kleinen.

HERMES: Das sowieso. Ay Ay. *(Pit geht)*

HERMES: *(allein, denkt)* Warum gehe ich nicht mal mit ihnen? Einmal muß ich doch anfangen. So weitergehen kann es doch nicht. Immer bleibe ich allein auf dem Schiff, und wenn sie zurückkommen, dann erzähle ich ihnen, was ich alles erlebt habe. Aber einmal, einmal habe ich es doch geschafft. Einmal. Aber dieses eine Mal, kann ich das rechnen? Es war alles so verworren damals. So schrecklich verworren. Ich war betrunken und habe gar nichts gemerkt. Erst als ich morgens aufwachte, hat sie mir gesagt was war, und wie es war. Aber sie war häßlich, verbraucht, und ich mußte sie bezahlen. Ja, ja, ich mußte sie bezahlen. So eine war sie. So eine war die erste Frau, die ich hatte, und sie war die einzige. Ich hab einmal ein Buch gelesen, das handelte von einem Mann, der immer mit einer Frau schlafen wollte, aber es nie fertig brachte. Dort hieß es, der Mann sei impotent. Bin ich auch impotent? Welch ein seltsames, nichtssagendes Wort. Nichts sagend und doch soviel sagend, alles sagend. Seltsam, immer wenn ich denke, denke ich darüber nach. Und immer nehme ich mir für den nächsten Hafen vor, zu einer Frau zu gehen oder mit den anderen eines dieser Häuser zu besuchen... Aber wenn wir dann im nächsten Hafen sind, befällt mich wieder diese schreckliche Angst, die mich fast lähmt. – Nachher werde ich in die Stadt gehen, werde was trinken, dann werde ich wieder herkommen und werde von meinem Mädchen erzählen und wie schön alles war...

FRAU: Ja, ich muß dann gehen, Herr Meier.

MEIER: Ach, bleiben Sie doch noch einen Moment, Edna.

FRAU: Ja, bitte.

MEIER: Ich möchte Ihnen noch einmal vorschlagen... Ach, Sie wissen schon, Edna!

FRAU: Nein, Herr Meier. Ich weiß leider nicht.

1. STIMME: Nein, sie weiß nicht. D. h. sie vergißt immer zu leicht, vergißt, vergißt...

MEIER: Ich meine, ja, … Ach so, na ja. Sie arbeiten jetzt schon seit sieben Jahren hier. Ich bin immer sehr mit Ihnen zufrieden gewesen. Also kurz und gut, ich möchte Sie heiraten.

FRAU: Heiraten?

MEIER: Ja, wir kennen uns schon so lange, wir haben uns immer gut verstanden und in dieser Zeit ist der Gedanke, Sie zu meiner Frau zu machen in mir herangereift.

FRAU: Sie sagen das so, als hätten Sie es auswendig gelernt.

MEIER: Edna, wollen Sie meine Frau werden?

FRAU: Nein, Herr Meier! Nein, nein, nein. Ich enttäusche Sie nicht gern oder stoße Sie vor den Kopf, aber ich kann mich mit diesem Gedanken einfach nicht befreunden. Nein, es tut mir ehrlich leid, aber …

MEIER: Schon gut, Edna, schon gut. Ich hatte doch nicht auf Ihre Zusage zu hoffen gewagt. Es kommt nicht überraschend für mich.

FRAU: Ich danke Ihnen, Herr Meier. Sie sind immer so gut zu mir. Ich gehe jetzt Herr Meier.

MEIER: Ach, da ist noch etwas. Sie haben das letztemal die Dekorationen für unser Schaufenster so hübsch gemacht.

FRAU: Ja?

MEIER: Ich wollte Sie bitten, ob Sie das nicht wieder für mich machen könnten.

FRAU: Aber sicher Herr Meier, natürlich.

MEIER: Vielen herzlichen Dank. Hier in dem Karton ist alles drin. Sie werden dann schon sehen, wie Sie es machen und was Sie machen. Darf ich Ihnen zutrauen, den Karton mitzunehmen?

FRAU: Aber ja, Herr Meier. Sicher.
MEIER: Danke. Dankeschön.

(Tür)

1. STIMME: Jetzt ist sie wieder auf der Straße. Der Karton ist schwer. Sie wird die Abkürzung durch das
Hafengebiet nehmen. Sie geht sonst abends nie
den Weg durch den Hafen. Abends hat sie Angst.
Aber heute, der schwere Karton. Sie geht und
geht.
HERMES: Ich gehe jetzt in die Stadt.
3. STIMME: Er geht jetzt in die Stadt.
HERMES: Ich will tanzen, will mich betrinken.
3. STIMME: Und er wird sehen, daß er es heute schafft.
Heute.
HERMES: Heute, endlich.
3. STIMME: Endlich. Einmal muß er doch…
HERMES: Einmal muß ich es doch schaffen. Und Mädchen gibt es genug.
3. STIMME: Mädchen gibt es genug. Genug, genug.
HERMES: Es ist kühl.
3. STIMME: Nein, es ist heiß.
HERMES: Heiß?
3. STIMME: Es ist heiß!
HERMES: Ja, es ist heiß. Natürlich, ich schwitze ja. Ich
schwitze.
3. STIMME: Er schwitzt, ihm ist heiß. Er ist ein Neger
und er hat schmutzige Gedanken.
HERMES: Ich bin ein Neger
3. STIMME: und…
HERMES: und ich habe schmutzige Gedanken. Ich
denke an eine Frau. Wie sie sich auszieht und wie

ich mich ausziehe und wie wir uns dann aufeinander
werfen.

3. STIMME: Wie sie sich dann aufeinander werfen und
weiter.

HERMES: Weiter, weiter, weiter

3. STIMME: Und er schwitzt immer mehr, immer
mehr.

HERMES: Der Schweiß läuft mir den ganzen Körper
hinunter. Das Hemd klebt…

FRAU: Oh, Verzeihung

HERMES: Verzeihung?

FRAU: Ja, verzeihen Sie bitte.

HERMES: Nein, ich habe mich zu entschuldigen. Ich
bin ja völlig in Gedanken.

FRAU: Aber nein, ich war völlig in Gedanken.

1. STIMME: Er ist einer von denen, die ihr gefallen, einer
von denen…

FRAU: Er gefällt mir, trotzdem…

1. STIMME: Trotzdem…

3. STIMME: Trotzdem…

HERMES: Ich bin ein Neger.

FRAU: Warum sollten Sie kein…, warum sollten Sie
das nicht sein?

HERMES: Viele Frauen haben Angst.

FRAU: Angst?

HERMES: Angst! Sie fürchten sich vor mir.

FRAU: Warum?

HERMES: Ich könnte ihnen etwas antun.

3. STIMME: Er könnte ihnen nichts antun.

1. STIMME: Nichts, nichts.

FRAU: Was könnten Sie mir antun?

HERMES: Ich könnte…

3. STIMME: Er könnte sie…

1. STIMME: Vergewaltigen.

HERMES: Ich könnte böse sein, ekelhaft, gemein …

FRAU: Nein

HERMES: Kann ich Ihnen tragen helfen?

FRAU: Tragen?

HERMES: Helfen. Ich würde Ihnen sehr gerne helfen.

FRAU: Ja, aber …

HERMES: Kein aber, ich würde es bestimmt gerne tun. Sehr gerne.

FRAU: Ja, ja gerne. Ich wäre Ihnen sehr dankbar, sehr. Wir müssen hier hinunter.

(Wohnungstür)

FRAU: So da sind wir. War es anstrengend den Karton zu tragen?

HERMES: Oh nein, gar nicht. Auf dem Schiff muß ich viel schwerere Sachen schleppen.

FRAU: Auf dem Schiff? Ach ja, auf dem Schiff.

HERMES: Ja, auf dem Schiff. Aber jetzt will ich mich verabschieden.

FRAU: Aber nein. Kommen Sie doch herein, lassen Sie uns etwas trinken. Möchten Sie?

HERMES: Ja, aber …

FRAU: Nun, jetzt auch kein aber. Möchten Sie?

HERMES: Sehr gerne. Sicher. Sehr gerne.

FRAU: So. Hier können Sie sich hinsetzen. Ich hole schnell etwas. Möchten Sie lieber Bier oder etwas herzhaftes?

HERMES: Och, ich bin nicht so anspruchsvoll.

FRAU: Na ja, dann hol ich mal was.

HERMES: Ich verstehe das alles nicht. Hat sie nicht

gesehen, daß ich ein Schwarzer bin? Oder hat sie keine Vorurteile?

FRAU: So, da bin ich wieder. War ich lange weg?

HERMES: Oh nein, gar nicht lange. Sagen Sie, darf ich etwas fragen?

FRAU: Natürlich. Sie dürfen alles.

HERMES: Haben Sie nicht gesehen, daß ich ein Schwarzer bin?

FRAU: Warum? Natürlich habe ich gesehen, daß Sie ein, ein Schwarzer sind. Aber sind denn schwarze Menschen weniger wert als weiße?

HERMES: Oh Gott! Ich hätte nie gedacht, daß es soetwas gibt. Glauben Sie das wirklich, was Sie eben sagten?

FRAU: Natürlich denke ich so. Und es ist auch richtig so zu denken.

HERMES: Ich danke Ihnen für Ihre Worte. Ich danke Ihnen.

FRAU: Oh

HERMES: Verzeihen Sie, verzeihen Sie, daß ich Sie küßte. Nur im Moment, da liebte ich Sie, wie die heilige Mutter Gottes. Verzeihen Sie ...

FRAU: Nur im Moment liebten Sie mich?

HERMES: Nein, nicht nur im Moment. Sie sind für mich wie eine Königin oder wie ein weißer, sehr gütiger Engel.

FRAU: Warten Sie. Ich lege eine Platte auf und dann tanzen wir ein wenig. Dann erzählen Sie mir von sich, von Ihren Fahrten und Ihren Freundinnen.

HERMES: Ich hatte keine Freundinnen.

FRAU: Jetzt schwindeln Sie aber. Ein Seemann und keine Freundinnen. Das gibt es doch gar nicht.

(Musik. Stimmen nah am Mikrophon)

HERMES: Ich hatte keine Freundinnen, weil ich sie, weil ich sie alle enttäuschte.

FRAU: Enttäuschte?

HERMES: Ich konnte einfach nicht.

FRAU: Was konnten Sie einfach nicht?

HERMES: Ich konnte einfach nicht mit ihnen schlafen. Und da verloren sie jegliches Interesse an mir.

FRAU: Und warum, warum konnten Sie mit keiner schlafen?

HERMES: Ich hab einmal ein Buch gelesen, von einem Mann, dem ging es ebenso wie mir und da hieß es, er sei impotent. Vielleicht ist es das?

FRAU: Und jetzt, geht es Ihnen jetzt immer noch so?

HERMES: Nein, ganz plötzlich fühle ich mich ganz stark. Ganz stark. Nachdem Sie das gesagt hatten, daß die Neger nicht schlechter sind als die Weißen, fühlte ich mich ganz anders als vorher. Ich hätte Welten versetzen können.

FRAU: Oh…

HERMES: Jetzt liege ich mit einer Frau auf einem Bett. Mit einer Frau, die ich liebe, weil sie mir meine Manneskraft wiedergegeben hat. Und ich wage es nicht, diese Kraft einzusetzen. Ich wage es einfach nicht. Ich glaube, ich bin sehr unverschämt.

FRAU: Oh nein. Du bist nicht unverschämt. Lange, lange habe ich auf diesen Tag gewartet. Und immer hatte ich Angst davor. Und jetzt auf einmal ist die Angst davongeflogen. Einfach von mir gegangen. Halte mich ganz fest! Lieber. Du…

(Musik ganz laut)

HERMES: Habe ich Dir weh getan?

FRAU: Nein. Nein, es war nicht so schlimm. Ich hab Dich sehr gern.

HERMES: Ich bin sehr, sehr glücklich. Nie hätte ich gedacht, daß es so schön sein kann. Aber irgendwie hat sich schon wieder Trauer in mein Herz geschlichen.

FRAU: Warum Trauer?

HERMES: Ich bin ein Seemann

FRAU: Du bist ein Seemann. Ein Seemann muß immer wieder aufs Meer. Wann fährt Dein Schiff?

HERMES: Morgen früh.

FRAU: Oh!

HERMES: Ja.

FRAU: Man kann auf dieser Welt nicht glücklich sein. Immer gibt es etwas, was ein Glück schmälert, oder ändert. Die Welt ist etwas Grausames. Kein Glück kann man halten, kein Glück.

HERMES: Ich werde immer an Dich denken. Immer dankbar. Dankbar werde ich an Dich denken. Immer dankbar.

FRAU: Bald müssen wir aufstehen. Es ist schon hell. Bald ist es fünf Uhr und Du mußt gehen. Gehen.

HERMES: Bald ist es fünf und ich muß gehen.

FRAU.   Liebe mich. Einmal liebe mich noch. Oh ...

(Musik)

FRAU: Sage mir Deinen Namen. Zum Abschied sage mir Deinen Namen.

HERMES: Hermes. Ich heiße Hermes. *(Tür)*

FRAU: Hermes, Hermes. Wir waren ein Hermaphrodit. Wir liebten uns für eine Nacht. Für eine Nacht waren wir eins. Nur eins. Waren ein Hermaphrodit.

(Modesalon Aphrodite, Stimmengewirr)

FRAU: Herr Meier! Kann ich Sie bitte einen kurzen Moment allein sprechen?
MEIER: Natürlich, Edna. *(anderer Raum)*
FRAU: Herr Meier, Sie haben mir gestern ein Angebot gemacht. Ich habe gestern sehr voreilig abgelehnt. Aber ich habe es mir heute Nacht überlegt und bin zu dem Entschluß gekommen ...
MEIER: Ach Edna ...

Ende

Ein Held der Neuzeit

»John Fitzgerald Kennedy ist tot. Eine Kugel traf ihn in Dallas, als......«

Minutenlang stockt der Atem, das Herz steht still. Ich höre auf zu denken, zu hören, zu sehen. Ich bin in dem Zustand zwischen Tod und Leben, nur Leere rings um mich.

Dann kommt das bittere Erwachen. Assoziationen stürzen auf mich ein: Abraham Lincoln, Gefühle: Jacqueline Kennedy und das Erkennen: Die Erreichung des Weltfriedens ist in noch weitere Ferne gerückt. Dann beginne ich zu zweifeln: Lieber Gott, laß es einen üblen Scherz oder ein Versehen sein, eine Sinnestäuschung.

Aber bald zerstört der Rundfunksprecher meine schönen Träume, die Nachricht ist über jeden Zweifel erhaben. Nachdem die ganze Stadt Dallas ihrem Präsidenten zugejubelt hatte, erschoß ein Heckenschütze John F. Kennedy. In den Armen seiner Frau brach er zusammen. In einer Klinik hatte man versucht, mit einer Bluttransfusion das Leben dieses Mannes zu retten. Aber der Eingriff war schon vergebens.

In solchen Augenblicken des Weltgeschehens merkt man erst, wie sehr einem die Hände gebunden sind. Soviel möchte man tun, so viel, aber es bleibt keine andere Möglichkeit, als an seinem Rundfunkgerät zu sitzen und sich unterrichten zu lassen.

Wie lächerlich die Worte auch sonst klingen mögen, hier möchte man in die Rede des regierenden Bürgermeisters von Berlin einfallen: »Eine Flamme ist erloschen. Ein Freund ist von uns gegangen...« Ein Freund, dieses Wort ist das beste, das in jenen Tagen gesprochen wurde. Ich glaube, daß jeder einzelne Mensch, der noch ein kleines Gefühl für Güte, Menschlichkeit und Größe hat, von sich behaupten mußte, einen Freund verloren zu haben. Und nicht nur einen Freund, einen Helden, nach dessen Vorbild es sich zu leben lohnt. Für mich und für viele andere ist dieser Mann ein Held, vielleicht der einzige in unserer an wahrer Größe wirklich armen Zeit.

Keiner braucht, keiner soll sich der Tränen schämen, die er in jenen Tagen vergossen hat. Es waren Tränen, die sich wahrhaft lohnten.

Verständnis für Rafaele Pagano

In Brescia in Italien lebte als Sohn wohlhabender Eltern der zwölfjährige Rafaele Pagano. Das Kind war überaus intelligent, begabt und aufgeschlossen. Trotz seiner Jugend hatte er brennendes Interesse an Politik. Wenn man an die vielen senilen Herren denkt, die die Staatsgeschäfte ihrer Länder leiten, so ist es nicht verwunderlich, daß dieser kluge Junge sich den amerikanischen Präsidenten Kennedy als Vorbild nahm und in ihm ein Symbol für eine bessere Zukunft sah.

Wie muß es gerade einen jungen Menschen wie diesen sensiblen Rafaele Pagano getroffen haben, als er am 23. November 1963 von der Ermordung seines Idols, dem allein er zutraute, die Welt in einen dauerhaften Frieden zu führen, in fetten Schlagzeilen in seiner Zeitung las.

Man kann mit ihm mitdenken, wie er auf Zurücknahme dieser Nachricht hoffte und wie es dann auch für ihn, der bestimmt bis zuletzt gehofft hatte, bittere Gewißheit wurde.

Wie er in seinem Zimmer auf und ab ging, wie er die Tränen nicht zurückhalten konnte und es auch gar nicht wollte, und wie er immer verzweifelter wurde. Wie er sich auf sein Bett warf und einen schrecklichen Entschluß in sich reifen ließ.

Zwei Tage nach dem Tod des Präsidenten verschaffte sich Rafaele einen Revolver. Einen weiteren Tag später schrieb er seinen Abschiedsbrief.

»Ich bin so müde. Ich kann die Welt nicht mehr aushalten« und »Ich möchte Kennedy im Himmel wiedersehen.«

Am 27. November 1963 ging folgende Meldung durch die Weltpresse:

»Der zwölfjährige Schüler Rafaele Pagano aus Brescia / Ital. erschoß sich am 25.11.63 aus Schmerz über John F. Kennedy's Tod.«

Anhang

Anmerkungen zu Rainer Werner Fassbinders *im land des apfelbaums*

Von Daniel Kletke

Intern ist seit langem bekannt, daß Fassbinder bereits in jungem Alter schöpferisch tätig war, aber das Ausmaß seiner künstlerischen Kreativität – der Fassbinder avant Fassbinder – beginnt sich erst nach und nach abzuzeichnen. Im Jahr 2000 begann die Rainer Werner Fassbinder Foundation mit dem Projekt einer systematischen Erfassung der Fassbinder-Schriften, die von ihr verwahrt werden. Sie stammen aus dem Nachlaß des Künstlers und dessen Mutter, Liselotte Eder, und sind heute Eigentum von Juliane Lorenz. Die in diesem Band versammelte Auswahl ist sein frühester greifbarer und abgeschlossener Komplex. Mit *im land des apfelbaums* legt Fassbinder bemerkenswerte Gesellenstücke aus seinen Lehr- und Wanderjahren vor, die mit Blick auf seine nachfolgende künstlerische Karriere Wurzeln und Stimulanzen aufzeigen.

Wenn man nun, der Widmung des Teenagers an seine Mutter folgend, annimmt, hier hätte ein Pubertierender etwas Weihnachtliches für Mutti gebastelt, dann ist dies nur bedingt korrekt. Zwar fertigte der Sechzehn- bis Achtzehnjährige die beiden Büchlein *im land des apfelbaums* mit Sorgfalt und Akribie, verwendete Kunstpostkarten mit Motiven des von ihm hoch verehrten Marc Chagall als Umschlagdekorationen und schlug die von Hand gebundenen Bände in Schutzhüllen ein. Aber schon die erste kursorische Lektüre bringt zahlreiche Charakteristika zum Vorschein, die später für

RWF bezeichnend werden sollen. Da ist der ökonomische Umgang mit den eigenen Erfindungen, wie das Variieren von Titeln oder Grundideen. Auch die Motive aus sozialen Spannungsfeldern, die Anklage von Ungerechtigkeit und die verzweifelte Suche nach Liebe und Anerkennung lassen bereits in nuce die Konturen einer eigenwilligen persönlichen Handschrift erkennen.

Im Vergleich mit den anderen im Archiv der Schriften versammelten frühen Werke Fassbinders (insgesamt etwa 100 Gedichte und zirka zwei Dutzend Prosatexte, meist mit Variationen, sowie Briefe und Handzeichnungen) fällt die herausragende Stellung der beiden Bändchen ins Auge, weil sie gebunden sind und als Typoskripte auf wertvollem Zeta-Mattpost-Papier vorliegen, das akribisch gelocht und auf DIN-A5-Format beschnitten ist. Die 45 Gedichte des ersten und die drei des zweiten Bandes liegen ausnahmslos in handschriftlichen Varianten vor, die uns auch eine genauere Datierung ermöglichen: Eine Vielzahl der übrigens im Verlauf der Entstehung verschiedentlich »C.« oder »Mou« gewidmeten Arbeiten entstand bereits im Laufe des Jahres 1961. Wiewohl es Gedichte gibt, die sich als Herzensergüsse des jungen Rainer Werner verstehen lassen, so enthebt der Dichter manches dem Bereich des rein Sentimentalen, wenn er es später in die Auswahl des Jahres übernimmt: *Erst jetzt…*, in der Handschrift auf den 10.11.1962 datiert und »Für C.« bezeichnet, ist ein solcher Fall. Dort heißt es: »Ein Haar, ich streichle es und liebe / Dies Haar und alles auf der Welt / Ich schwöre, daß es keine Lüge / Jetzt unterm Sternenzelt.«

Natürlich sind das keine Meisterwerke. Aber es wäre vorschnell, *im land des apfelbaums* lediglich als folgenlose Fingerübungen zu sehen: Obwohl die Schulzeugnisse aus der Zeit RWFs mangelhafte Leistungen im Fach Latein unter Beweis stellen, sind ihm Themen der griechisch-römischen Antike Inspiration zu einigen der eindringlichen Arbeiten, die dann manchmal sogar (schon) ohne Reime auskommen, so *Olymp*, *Zama* oder *Gib mir mein Herz*. Freilich werden Cineasten ihre eigenen Rückschlüsse auf die von Fassbinder zu dieser Zeit gesehenen Filme ziehen. Der Tenor mancher Texte legt *Quo Vadis* nahe. Und Philologen wird es nicht entgehen, daß Friedrich von Schillers Balladen Fassbinder gewiß stimulierten, so wie Historiker vielleicht erkennen werden, welche Quelle Fassbinder in puncto Karthago herangezogen haben könnte.

Einer zukünftigen kritischen Werkausgabe wird es vorbehalten bleiben, die hand- und maschinenschriftlichen Varianten gegeneinander abzuwägen und auszuwerten. Fest steht folgendes: Fassbinder war ein harter Arbeiter, der – oft auf Rückseiten von Umschlägen *(Penner-Saga)* oder Formularen *(Der Untergang, Es brach die Pestilenz)* – scheinbar pausenlos komponierte, verbesserte, den Reim variierte, die Silbenzahl einer Strophe erklopfte (und die genaue Anzahl notierte) oder dem passenden Terminus auf der Spur war. Die Mutter, welche die kritische Distanz zu ihrem Filius eigentlich nie aufgab, folgte dennoch offenbar ihrer Intuition, auch früheste Werke ihres »Rainerchen« zu verwahren, so wie sie in seinen produktivsten Zeiten die Instanz war, bei der RWF seine Papiere ablegte.

Mit Abschluß einer weitgehend kompletten elektronischen Datenerfassung wird es zukünftig möglich sein, RWF beim Denken und beim Arbeiten zu beobachten. Es werden sich Motive erhellen, und wir werden Quellen kennenlernen, die uns bislang unerschlossen blieben.

Zweifellos wird in diesem Zusammenhang das Augenmerk auch auf die hier erstmals veröffentlichte Prosa und die zwei Hörspiele gerichtet sein. Da stehen dem manchmal unfreiwillige Komik produzierenden, reimenden RWF (Du wartest auf ein größ'res Glück / Ein Glück das fehllos sei / Auch dahin gibt es kein Zurück / Und deine Glieder sind voll Blei) ein Szenograph und ein Erzähler beiseite, der in aller Kürze prägnante Situationen entstehen läßt.

Das Motiv des Zeitungsverkäufers in der Erzählung *Sauerkraut* antizipiert, insbesondere in der sozialen Dringlichkeit, eine entsprechende Szene aus dem Film *Das kleine Chaos* von 1967. Das kleine Mädchen in *Der Weg zurück* ist im Lokalkolorit seiner Sprache ein erster Hinweis auf RWFs mundartlichen Duktus, der dann 1968 in Fassbinders artifizieller *Katzelmacher*-Sprache kulminiert. Das als »Kurzhörspiel« betitelte *Der Familienrat* schließlich ist seine früheste bekannte Variation zum Thema Mitschuld & Mitverantwortung und dekliniert im Tonfall einer Persiflage Aspekte von Gut & Böse, Wahrheit & Lüge.

Es ist ganz klar, daß Rainer Werner Fassbinder nicht dichtete und textete, um sich die Zeit zu vertreiben. Wie wir aus zahlreichen Quellen wissen, war er sich von früher Jugend an darüber im klaren, womit er beruflich seine Zeit verbringen wollte. Er verstand es, sich darin gegen alle Widerstände durchzusetzen. Dieses fast trotzig zu nennende Selbstbewußtsein gipfelt in der Widmung des Gedichtes *Nicht müde – nur feig*: »Mou, am 9.6.63 in der Morgendämmerung. Die Verse sagen alle nichts Neues. Noch nicht. R.W.F.«

Technische Daten

Bislang unveröffentlichte, aus Nachlässen herausge-
gebene Schriften stellen stets eine Herausforderung
dar. Im vorliegenden Fall wurden offensichtliche Tippfehler verbessert, die Regeln der alten Rechtschreibung
beibehalten und in Zweifelsfällen der Vorlage Fassbinders nachgegeben. Philologische Spitzfindigkeiten sollen dem Leser dieser Ausgabe jedoch nicht zugemutet
werden, weswegen auch nicht jedes vom Original ab-
weichende Zeichen durch eine Extraanmerkung nach-
gewiesen wird.

im land des apfelbaums, 1962, Rainer Werner Fassbinder
Foundation, Archiv der Schriften, Typoskript (als Original), DIN A5, 41 Blatt (Wasserzeichen: Zeta Mattpost);
das Papier ist nahezu durchgängig beidseitig beschrie-
ben; maschinenschriftliche Widmung an die Mutter
Seite 2 recto; Seiten links fünfmal gelocht und ursprüng-
lich mit Fadenbindung in Buchdeckel eingebunden (Bindung beschädigt); diverse handschriftliche Korrekturen
von unidentifizierter Hand in blauem Kugelschreiber,
auf der hinteren Deckelinnenseite in Bleistift markiert:
1962 (Schrift L. Eder). Buchdeckel: fester Pappkarton
mit farbiger Bildpostkarte von Marc Chagall, in Perga-
min (stark brüchig, eingerissen, beschädigt und vergilbt)
eingebunden. Die Abbildung auf der Deckelvorderseite:
Marc Chagall: *The Artist and His Model*, ca. 1945–48,
Gouache, National Gallery of Canada, Ottawa.

im land des apfelbaums II, 1963, Rainer Werner Fassbinder Foundation, Archiv der Schriften, Typoskript (als
Original), DIN A5, 36 Blatt (Wasserzeichen: Zeta Mattpost); maschinenschriftliche Widmung an die Mutter
Seite 2 recto; Seiten links viermal gelocht und ursprüng-

lich mit Fadenbindung in Buchdeckel eingebunden (Bindung beschädigt); das Typoskript ist an diversen Stellen von nicht identifizierter Hand in Bleistift korrigiert. Buchdeckel: fester Pappkarton mit je einer farbigen Bildpostkarte von Marc Chagall vorn und hinten, in kräftige Plastikfolie (die Pappe darunter ist fleckig, die Folie leicht vergilbt) eingebunden. Durch den verwendeten Klebstoff (Tesafilm), der begonnen hat, das Papier zu zerfressen, sind Teile der ersten und der letzten Seite des Typoskripts stark vergilbt; auf denselben Seiten außerdem Roststellen von Büroklammern. Auf dem Buchrücken sind Titel und Verfasser verzeichnet. Die Anordnung der Texte erfolgt nach dem »Inhaltsverzeichnis« auf Seite 4, auch wenn die Texte heute in anderer Reihenfolge vorliegen. Da die Fadenbindung jedoch zu einem nicht bekannten Zeitpunkt gelöst wurde, ist eine spätere Umsortierung nicht auszuschließen. Die Abbildung auf der Deckelvorderseite: Marc Chagall: *L'Église de Chambon-sur-Lac (Auvergne)*, 1926, Gouache, Museum Boymans-van Beuningen, Rotterdam; die Abbildung auf der Deckelrückseite: Marc Chagall: *Les Mariés de la Tour Eiffel*, o. D., Gouache, Privatbesitz.

Bilddokumente

Photographien, Typoskripte, Manuskripte

Liselotte Pempeit (die Mutter), Danzig 1942

Handschriftlicher Lebenslauf Rainer Werner Fassbinders,
verfaßt als Fünfzehnjähriger im Jahr 1961

Das einzige Photo, auf dem beide Eltern zu sehen sind:
Liselotte Fassbinder und Helmut Fassbinder, um 1949

Liselotte Fassbinder, 1957

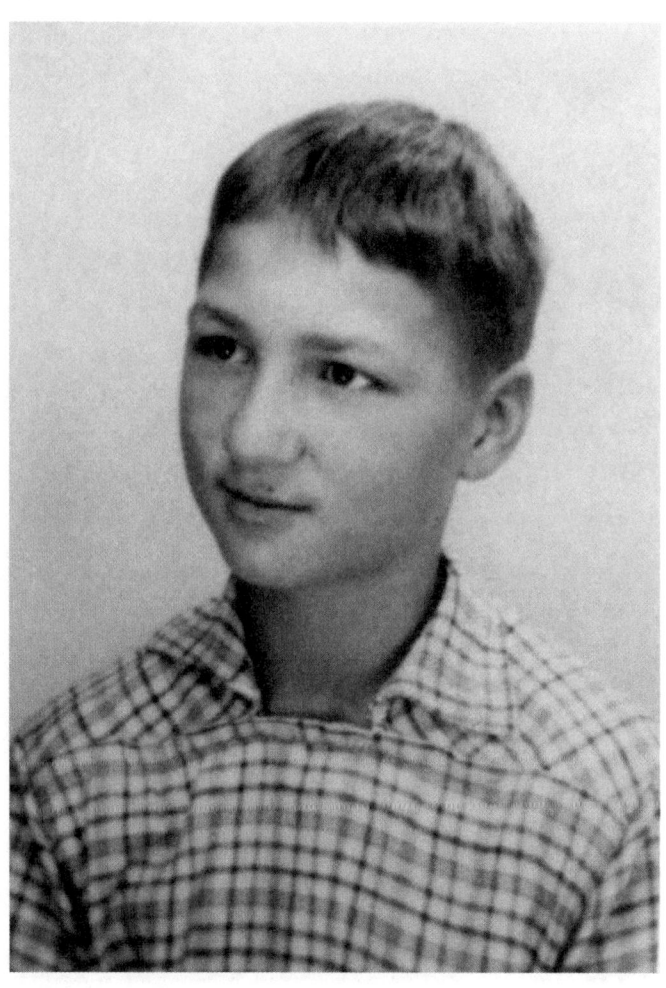

Rainer Werner Fassbinder als Dreizehnjähriger, 1958

Rainer Werner Fassbinder als Sechzehnjähriger, München 1961

Rainer Werner Fassbinder als Sechzehnjähriger, München 1961

Liselotte Eder und R.W. Fassbinder: 18. Geburtstag auf dem
Balkon der Wohnung in der Possartstraße, München 1963

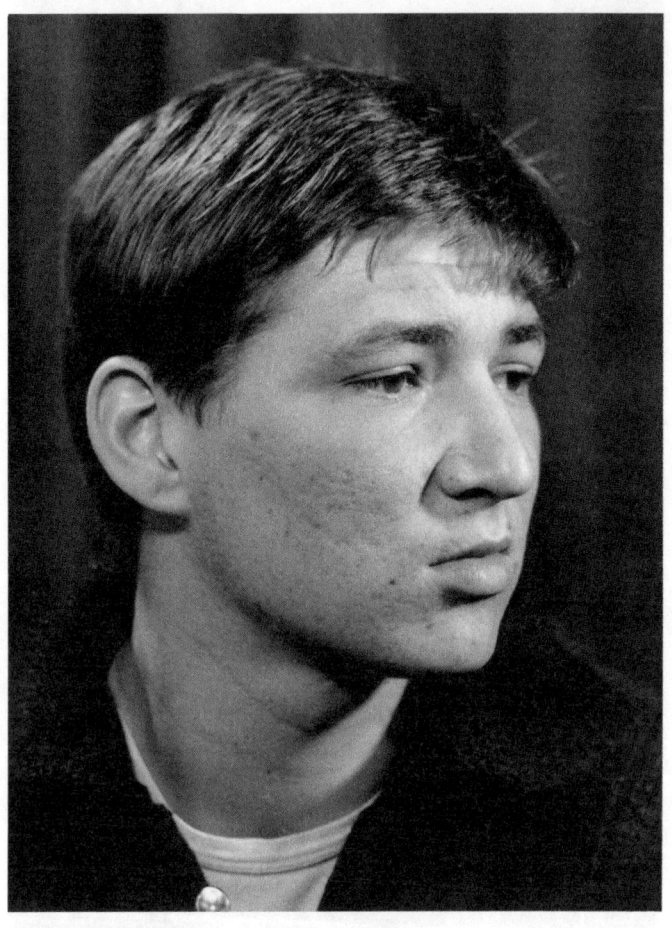

Rainer Werner Fassbinder als Zwanzigjähriger, 1965

Rainer Werner Fassbinder und Mutter, 1976

Der Schutzumschlag zu *im land des apfelbaums*, gestaltet von
Rainer Werner Fassbinder mit einer Postkarte von Marc Chagall
(*Der Künstler und sein Modell*)

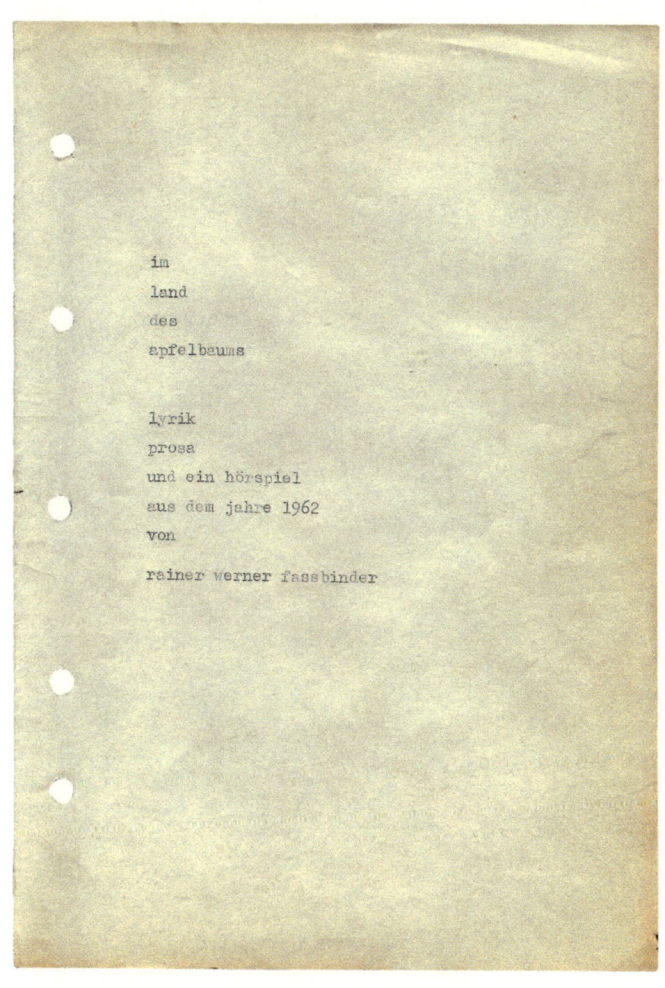

im
land
des
apfelbaums

lyrik
prosa
und ein hörspiel
aus dem jahre 1962
von

rainer werner fassbinder

Das Titelblatt, getippt vom Autor

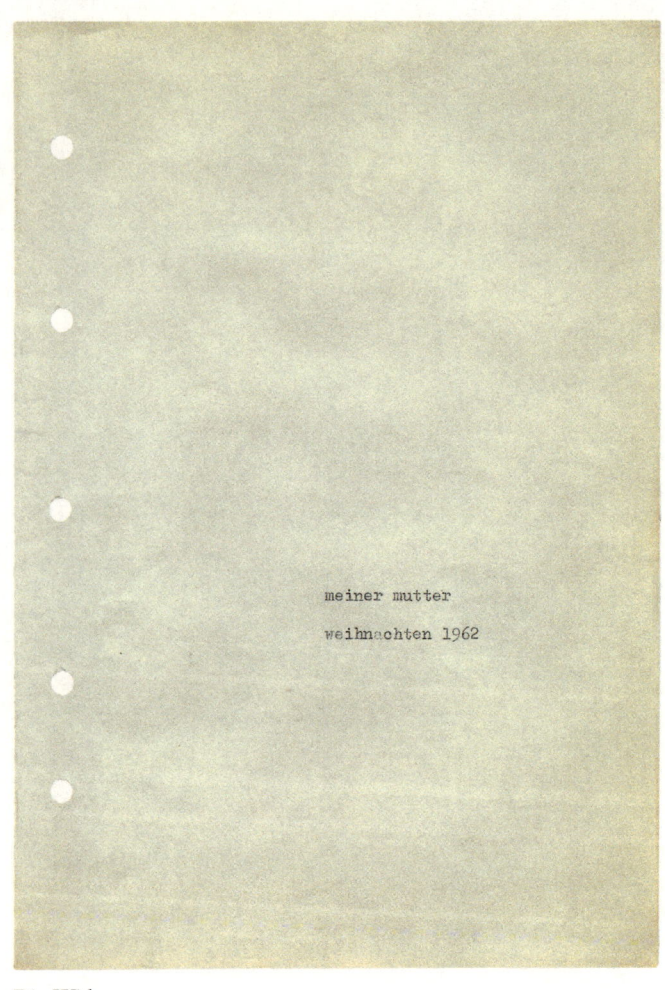

meiner mutter

weihnachten 1962

Die Widmung

Der Weg zurück

Ich habe es nie wieder gesehen,das kleine Mädchen.Ich ha e
die letzte Nacht davor nicht geschlafen.Der ewig andauernde Regen machte mich vollkommen nervös und irgendwie willenlos,ohne geregeltes Denkvermögen.Die nacht war warm gewesen,so warm wie der Regen,der seit Wochen ununterbrochen
niederfiel.Ich hatte am Abend vorher in einem Restaurant
gut zu Abend gegessen und w r dann durch den Regen nach
Hause gegangen.Fast heiß rann mir das Wasser über das Gesicht
und drang ganz langsam in mich ein.Ungemütlich,ja lästig
mutete es mich an.Die Nacht war dann grausam gewesen.Un hör
lich prasselten die Tropfen in mein Gehirn,ich wälzte mich
von einer Seite auf die andere und zermarterte mich in der
Hoffnung,einschlafen zu können.Einigemale stand ich auf
und trank ein Glas Bier,kaltes Bier aus dem Eisschrank,das
mich für kurze Zeit wieder fit machte.Langsam,sehr langsam kam der Morgen heraufgekrochen,die Nacht verwandelte
sich in den Tag,in einen grauen Alltag.Wieder war der Himmel voll Regenwolken,und schon am frühen Morgen lag eine
drückende Schwüle über der Stadt.Mich quälten schreckli e
Kopfschmerzen,ein ganz neues Gefühl hatte sich über mich
gelegt,ein ganz plötzlicher Unwille,eine maßlose Labili-
tät.Mir war alles egal,ich wollte nur Ruhe und Frieden
haben.Den Weg zur Arbeit wollte ich zu Fuß zurücklegen.
Menschen flogen an mir vorbei,die Stadt wurde von einer
Ruhelosigkeit bestimmt,die an Irrsinn grenzt,schnell,
alles muß schnell gehen,schnell zur Arbeit,schnell viel
Geld verdienen,schnell,schnell.Die Geschwindigkeit ist
ein Phantom,das bezwungen werden muß,bevor es uns bezwi t.
Hastiger Atem,abgerissene Wortfetzen,quietschende Straßenbahn,leiser,warmer Regen,Autos,bremsende,hupende Hast.
Auf der Haupt straße sprach mich ein kleines Mädchen an.
Gehen sie zur Arbeit? Halb belustigt,halb verärgert schaute
ich auf das Mädchen hinab.Ich muß dabei sehr dumm ausgesehen
haben,denn das kleine Mädchen lachte,ein glasklares,
silbernes Lachen.Natürlich gehen sie zur Arbeit,wer tut
das heute nicht?Sie mochte ungefähr neun Jahre alt sein,
sie trug hellblaues Kleidchen und in der rechten Hand

Erste Seite der Erzählung *Der Weg zurück*

Von Efeu liebevoll, umrankt 8
Und Trauerweiden sanft und bildsam eingesäumt 12
liegt ein unsichtbar Land 7
Das ist für jedermann schon eingesäumt 10

Ich denke oft daran was nachher kommt 16
Vielleicht nur Schönheit Liebe Melodie 16
Das, was uns heute nicht gegönnt 8
Erreichen wir's auch später nie? 8

In diese Reihe diesem sanften Hauch 10
Dem Tastkreis leit dem Liebe 7
In diesem Land das mir vom Regen Baum und Strauch 14
Ein Bett um Dasein Leben eine ... Treue 15
Wir werden glücklich sein 6
Wenn Hüte, alle Büste abgefallen ist 12
Der Tod, es ist kein Schein 6
Wenn dich der letzte zarte Wind lau lächelt 16

10
12
8
10

Erster handschriftlicher Entwurf des Gedichts
Das Land des Apfelbaums, mit Silbenzählung

Zweite Fassung desselben Gedichts, mit Widmung „Für C."
und Signatur des Autors

Handschriftliche Fassung des Gedichts *Das Leben ist ein Kampf*, mit Widmung „für C. am 23.10.61" und Signatur des Autors

Seemann

Endlich Land   3   4
Soweit du blickhest, Meer   6   6
Jetzt Land   2   2
Erde, Bäume   4   4
Bächlein   2   4
Süßes Wasser   4   6
Eine Frau.   3   2
Gurgelnd, deine Stimme   6   4
Trocken Gaumen   4
Sommer   2
Sie lacht   2
Recht frech   2
Doch du bist frecher!   5
Nicht?   ^
Da streichelst sie,   4
Fast unverschämt   4
Die Sonne brennt   4
Sie lacht Das Mädchen lacht   6
Dein Gaumen trocknet aus   2
Du mußt   4
Der Schrei erstickt   2
Vor Lust   2
Endlich   2
Sie weint   2
Und du bist stolz   4
Es ist vollbracht.   4

Köln, den 18.12.02

Handschriftliche Fassung des Gedichts *Seemann*, mit
Silbenzählung zur Berechnung des Versrhythmus

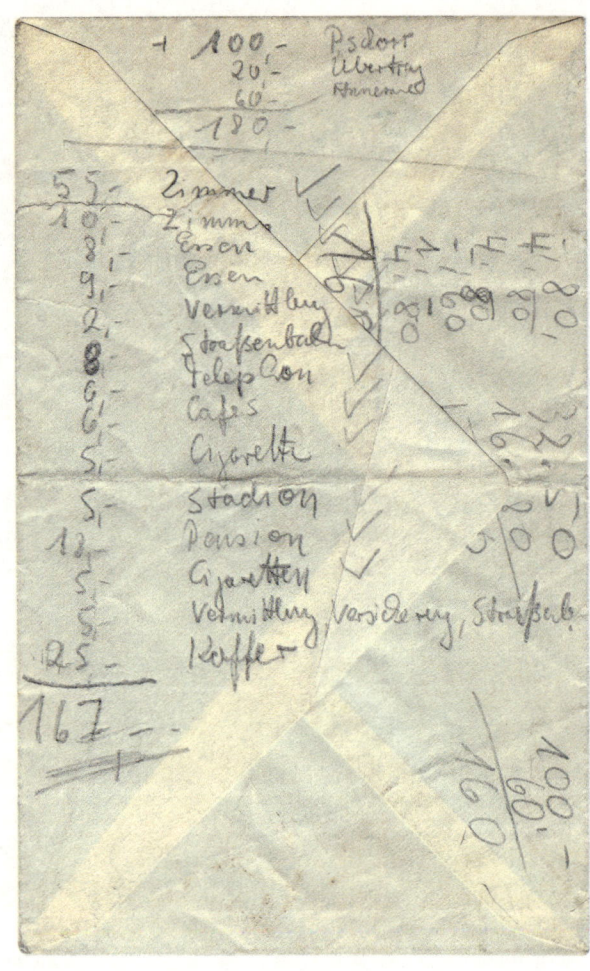

Briefumschlag mit Haushaltsrechnungen
(Rückseite zu *Penner-Saga*)

Penner - Saga

Liegt de fette Bürger   6
Mit gefülltem Magen schon im ...
Schwimmt als Schweinezüchter
Bald im eignen Fett
Sieht zu später Stunde   6
Unrasiert ein Mann durch Nacht und ...
geht die Ehrenrunde   6
Für des fetten Kind   5
Sieht die feine Hausfassade
Sieht des Bürgers Domizil
Und er denkt ...
... auf die Straße ...
Doch im Unterstand des Lebens
... Gutes nimmt und Schlechts gibt
Sollten ihm die Götter geben
Daß er dieses Leben liebt
Doch er denkt an eine Brücke
Die zum Fluss ihn ...
Und in diesem ... Blicke
Sieht er ein, daß ... nur lebt
                              A W F

Entwurf des Gedichts *Penner-Saga* auf einem Briefumschlag

Ich habe zur Sünde
Wohl mehrere Gründe
Hier will ich's erkünden
Warum ich muß sünden.
Es gibt auf der Erde
Eine große Herde
~~Und das sind die Bürger~~
Die Bürger sind das
Wohlerzogen zum Haß.
Aus Haß gegen Denker
So werden die Henker
Zur besseren Liebe
Die nicht kommt vom Triebe
Und ein bißchen pervers
Sieht wohl nicht recht im Vers
Den jene sich machen
Wenn sie nicht Crük' wachen.
Nur aus diesem Grunde
Hab ich meine Wunde
Die ich e schnell muß heilen
Will ich noch verweilen
Auf dieser lieben Welt
Die Versprochen nicht hält.

182

Typoskript zum Gedicht *Nicht müde – nur feig*, mit der
Anmerkung „Die Verse sagen alle nichts Neues. Noch nicht."
(s. S. 20/21)

Rückseite des Schutzumschlags zum selbstgebundenen Buch
im land des apfelbaums II, mit einem Postkartenmotiv
von Marc Chagall (*Das Brautpaar vor dem Eiffelturm*)

184

Verzeichnis der Texte

im land des apfelbaums

Gedichte

im land des apfelbaums II

Weitere Bücher aus dem
SchirmerGraf Verlag

Robert Doisneau
Gestohlene Blicke

*Erinnerungen eines Bilderdiebs. Aus dem Französischen von
Giò Waeckerlin Induni. 234 Seiten; 16 Photos auf Tafeln. Leinen
mit Schutzumschlag und Lesebändchen*

»Als ich mich in das Abenteuer Photographie stürzte, war sie
noch hölzern; inzwischen ist sie gewissermaßen elektronisch.
Und ich strecke mit der gleichen Neugier wie am ersten Tag
die Nase hinter dem Vorhang hervor.«

Nicht nur einer der größten Photographen des 20. Jahrhunderts, sondern auch ein begnadeter Erzähler: Robert
Doisneau führt uns in seinen kurzweiligen, erstmals auf
deutsch veröffentlichten Erinnerungen an die Orte, wo seine
berühmtesten Bilder entstanden sind: in die Bistros und Cafés
der Pariser Vorstädte, auf die Jahrmärkte, in die Küchen und
Ateliers Picassos und vieler anderer Freunde.

Mit der gleichen Zärtlichkeit, dem gleichen Humor und
der gleichen Poesie, die seine legendären Bilder erfüllen,
erzählt er von seinem Werdegang als Photograph, der in den
Renault-Werken Ende der dreißiger Jahre seinen Ausgang
nahm und schließlich in die spektakulären Pariser Mode- und
Malerateliers führte. Sein Herz aber gehörte eigentlich immer
dem Paris der kleinen Leute, der Straßenmusikanten und
Lausejungen …

»Ein humorvoller Meister der Beobachtung.« *Salzburger
Nachrichten*

Raquel Tibol
Frida Kahlo – ein offenes Leben

Aus dem Spanischen von Lisa Grüneisen und Jochen Staebel.
240 Seiten. Leinen mit Schutzumschlag und Lesebändchen

Frida Kahlo wird auch 2005 Thema sein: Im Juni eröffnet die
Londoner Tate Gallery eine große Ausstellung. Raquel Tibol,
Grande Dame der mexikanischen Kunstgeschichte und eine
der letzten noch lebenden persönlich Vertrauten der Künstlerin, erschließt uns das Phänomen Frida Kahlo noch einmal
neu.
»Wie war Frida? Sie war ein Hochleistungsreaktor, der sich
ständig entlud. Sie kannte das Lebensgefühl, das wir Begei-
sterung nennen. Sie brauchte die Leidenschaftlichkeit, die
untrennbar mit der Liebe, der Fröhlichkeit und der Wahrhaf-
tigkeit verbunden ist. Sie war eifersüchtig; eifersüchtig wachte
sie über ihre Leidenschaften, ihren Haß, ihre Einzigartigkeit.
Sie machte aus sich selbst ein bewundertes Objekt. Frida ist
ein Paradoxon, das aufs beste beweist, was es bedeutet, sich
mit Lebenswillen und einer starken Willenskraft bewußt
gegen ein widriges Schicksal aufzulehnen.«
Im letzten Jahr bis zu Kahlos Tod 1954 zeichnete Raquel
Tibol zahlreiche Gespräche mit der Künstlerin auf, die in
Teilen hier, neben Tagebucheinträgen und Briefen, ebenso
versammelt sind wie Zeugnisse der Familie, von Freunden,
Kollegen und Ärzten.